製配販
サプライ・チェーンにおける
物流革新
企画・設計・開発のエンジニアリングと運営ノウハウ

尾田 寛仁

三恵社

はじめに

　経営には、価値創造活動と、創生された価値を市場に出していくオペレーション活動があります。物流は、企業にとって、工場で生産された商品を消費者の手に渡していく流通過程に、なくてはならないオペレーション活動です。

　現在、日用品等の製配販（メーカー・卸売業・小売業）にまたがるサプライ・チェーンを見渡すと、各社が独自の経営努力で、物流に取り組んでおります。それだけでは、社会全体の流通コスト削減や市中在庫を減らすには、限界があります。

　『製配販サプライ・チェーンにおける物流革新〜企画・設計・開発のエンジニアリングと運営ノウハウ〜』は、製配販に亘る物流はどうあればよいのか、そのエンジニアリングはどうすればよいのかを書きました。メーカー物流を9年、卸売業の物流を6年、その間に小売業の一括物流を47社で受託し、100カ所以上の物流拠点を設計し、運営してきました実務経験を踏まえております。理論の実践であり、実践の理論化でもありました。物流の差別化要素は、品質を伴ったコスト競争力をいかに上げていくのかにあります。それが物流の使命でもあり、物流現場の運営改善を絶えずやり続けることになります。広い意味では、物流は、企業内に留まらず、企業間や業界間の流通構造を改革することで新たなフレームワークを作ることが可能です。そして、創造的な活動を行えます。

　テーマの一つでありますエンジニアリングの根本は、構想力にあります。また、全体観を持っているかどうかです。構想をエンジニアリングで具体化していくには、倉庫や設備というハードにも、情報システムや運営というソフトにも通暁しておかなくてはなりません。また、エンジニアリングにおいては、設備を作ることを目的としてではなく、倉庫レイアウト、設備・システム設計、運営の作業動作、物流コスト分析と、投資の評価を社内や客先に提案できる総合力が求められます。運営では、物量予測という未来からの発想が大事です。明日はこうしたいという思いが、毎日の作業を変えていきます。物流は、構想から現場運営まで一貫した論理で繋がっております。従って、物流の仕事は、皆が論理という共通言

語で語り合えるロジカルな仕事です。

　小売業の一括物流から見ましても、メーカー物流から見ましても、卸売業は、メーカーと小売業を結ぶサプライ・チェーンには必要不可欠な機能です。卸売業が、潜在的に持っております物流力を発揮することで、社会的にさらに大きな貢献ができます。その為には、卸売業自体が、情報システムと物流技術をもっと磨くことです。卸売業には、メーカーにも、小売業にもできない在庫取引をシンプルに遂行するという優れた機能を持っておりますし、発揮できます。

　物流の現場では、日々、生産性が議論されております。物流における生産性の原点は、整理・整頓・清掃（3S）です。それを含めた物流の基本活動をやり抜くことで、高品質やコスト競争力で成果がでてきます。

　エンジニアリングあるいは運営に携わる方の、人の質が大事です。組織力を上げていくには、個人の能力とともに、関わる皆と組織的に協働していく力があるかどうかです。

　本書の第1章と第2章は、物流を、社会との関わり、企業間の関わり、企業内の関わりから述べております。製配販のサプライ・チェーンの課題を見据えて、物流の捉え方を一企業の視点からだけではなく、企業間やサプライ・チェーンに広げると、社会全体の物流費が削減可能なことを書いております。サプライ・チェーンは、消費者の視点からは、実需といったことから、デマンド・チェーンといった方が適切なのかもしれません。

　第3章は、物流費を取り上げております。物流費が現場でどのように発生しているかを、式を用いて説明しております。式によって、物流活動同士の各要素がどのようなつながりを持つのか、相互の関連がわかるようにしております。そして、経費の内訳をドリルダウンのように掘り下げられ、コスト改善への道筋を示せるようにしております。

　第4章は、経営活動のマネジメント・サイクルについて述べ、未来からみる予測をベースにして展開しております。予測から計画へ、計画から実行へ如何にして行うかを書いております。また、物流運営の原則を確認しています。

　第5章は、競争の源泉である物流における品質を書いております。物流では、

まず、現場の安全を確保し、客先への品質を保証できて始めて、コストの議論ができます。

　第6章は、物流では、物流センターの建設を始め、設備投資、情報システム開発等と、投資を行うに当たり、どのように取り組むのかを書いております。投資を行う以上は、収益を伴うことが必須です。投資と収益の関係を明らかにし、その投資評価方法を書いています。

　第7章は、実際にエンジニアリングする時のステップについて書いています。エンジニアリングの要諦は、計画されたことの全体観を皆がともに持つことにあります。実行そのものは各専門チームで行いますが、全体観を伴った相互の関係が、エンジニアリングの成果を決めます。

　第8章は、物流部門の大きな課題であります組織のあり方や人材育成について書いています。物流組織そのものは、機能性の高い縦構造の集団です。物流が一つの流れになっていくには、社内外との横構造であります協働という相互連携が大事です。

　なお、各章はテーマ毎に独立して書かれております。関心のある課題から読まれるようにしています。

　本書を上梓するに当り、在職中に多くの方にお世話になりました。ここでお礼を述べさせていただきます。中央物産株式会社、花王株式会社ロジスティクス部門、花王システム物流株式会社、花王ロジスティクス株式会社、物流受託会社（47社）、建設会社、倉庫会社、物流機器メーカー、情報機器メーカー、運送会社、流通政策研究所、流通経済研究所、日本ボランタリー・チェーン協会、日本卸売協会、日本マテリアル・ハンドリング協会等に大変お世話になりました。関係各位といっしょになって行った物流技術開発、情報システム開発、運営開発や、その運営実践なくして、本書は生まれなかったでしょう。感謝申し上げます。

　社会のインフラとして、物流とその投資が収益を生むことを願っております。製配販の物流エンジニアリングや運営に携わる方々が、協働して幅広く活躍されることを願っております。

2015年1月15日記

目次

はじめに・・・・・・・・・・・・・・・・・・・・・・・・・・2

1. サプライ・チェーン・・・・・・・・・・・・・・・・・・・・7
　　1）サプライ・チェーンの課題・・・・・・・・・・・・・・・8
　　2）企業内物流と企業間物流・・・・・・・・・・・・・・・12
　　3）物流費を決めるのは取引条件・・・・・・・・・・・・・13

2. 卸売業の物流の位置付け・・・・・・・・・・・・・・・・・17
　　1）卸売業の社会的役割・・・・・・・・・・・・・・・・・18
　　2）生産と物流の違い・・・・・・・・・・・・・・・・・・20
　　3）物流機能の領域は幅広い・・・・・・・・・・・・・・・21

3. 物流コスト・・・・・・・・・・・・・・・・・・・・・・・23
　　1）物流費・・・・・・・・・・・・・・・・・・・・・・・24
　　2）配送費・・・・・・・・・・・・・・・・・・・・・・・31
　　3）庫内作業費・・・・・・・・・・・・・・・・・・・・・48
　　4）物流ABC（活動基準原価計算）・・・・・・・・・・・62

4. マネジメント・サイクル・・・・・・・・・・・・・・・・・65
　　1）マネジメント・サイクル・・・・・・・・・・・・・・・66
　　2）物量予測・・・・・・・・・・・・・・・・・・・・・・66
　　3）計画によるマネジメント・・・・・・・・・・・・・・・69
　　4）物流の運営原則・・・・・・・・・・・・・・・・・・・75

5. 物流品質・・・・・・・・・・・・・・・・・・・・・・・・79

6. 物流投資・・・・・・・・・・・・・・・・・・・・・・・・91
　　1）設備投資・・・・・・・・・・・・・・・・・・・・・・92
　　2）倉庫投資と賃借・・・・・・・・・・・・・・・・・・109
　　3）物流投資と物流経費の試算・・・・・・・・・・・・・114

7．物流エンジニアリング・・・・・・・・・・・・・・・・・・・・・117
　　1）企画設計・・・・・・・・・・・・・・・・・・・・・・・・・118
　　2）実施設計・・・・・・・・・・・・・・・・・・・・・・・・・149

8．物流部門の人材育成・・・・・・・・・・・・・・・・・・・・・155
　　1）マネジメントにおける人材育成・・・・・・・・・・・・・156
　　2）物流を担う組織・・・・・・・・・・・・・・・・・・・・158
　　3）物流技術・技能の力・・・・・・・・・・・・・・・・・・160
　　4）組織が一つにまとまる・・・・・・・・・・・・・・・・・165

第1章
サプライ・チェーン

第1章　サプライ・チェーン

第1節　サプライ・チェーンの課題

（1）製配販の取引と企業内物流

　日用品業界に代表される「納入価格」を中心とした製配販の取引は、日用品にかかわるサプライ・チェーンを、企業毎に企業内物流の領域に閉じ込めましたと考えられます。この背景は、次の通りです。

①代理店制度と流通経路

　日用品業界の中間流通は、メーカーの代理店制度と取引制度を軸にした卸売業によって成り立っています。メーカーが代理店制度という流通経路を形成したことから、自社製品を販売する多くの卸売業があります。その為に、流通及び物流は多段階になりました。在庫は、必然的に、物流拠点が分散化しているために、偏在することになりがちです。サプライ・チェーンは、企業間の「受発注」と「納品」の二つの機能で連結されております。物流が、多段階になりますと、供給活動と市場動向にギャップが発生しがちです。「ムチ打ち効果」に代表されますが、小売業の店頭で1個購入された実需が、メーカー生産段階では例えば1ケース（入数15個）の生産計画になったりします。それは、商品別販売動向を知る仕組みがなく、発注する量が市場における販売動向をベースにしたものになりにくいことにあります。供給量が、需要よりも大きければ、在庫過剰になりますし、在庫（投下資本）の固定化や廃棄処分損の発生、保管スペースの増大、返品の発生が起きます。また、供給量が、需要よりも小さければ、欠品になります。販売の機会がありながら、供給不足による売上減少と欠品対応業務が発生します。返品においては、売れ残ったら返せばよいとの商習慣があります。市場でこうした関係が、固定化されて、物流は、今日まで、製配販毎の企業内活動になりました。

②納入価格は着荷基準

　メーカーと卸売業の取引が、納入価格（以下「納価」とします）と、補填リベートを中心にした取引である点です。メーカーから卸売業、卸売業から小売業への納価が、買い手の着荷価格です。納価は、受注から納品に至るコストがすべて含まれていることで、成り立っております。納価がコスト込の価格であるために、日本では、製配販それぞれの企業の経費内訳である販売費、物流費やセンターフィーといったコストの内訳が明らかではありません。納価が着荷基準であるために、小売業と卸売業の間に存在していますセンターフィーは、ある意味、取引関係の中で正当化されているとも言えます。その意味では、卸売業は、メーカーにセンターフィーを転化してもおかしくはありません。小売業によっては、自社物流センターのセンターフィーに、利益を載せて卸売業に請求しているケースが見受けられるのも、納価の内容が曖昧なためです。コスト込の納価から、コスト・オン方式の納価を含めて、製配販の価格体系を真摯に検討するべきだと考えております。

③小売業のセンター納品化と帳合

　小売業は、独自にセンター納品を進めてきました。

　その背景の一つには、小売業が仕入先を選定する帳合制があります。部門別やカテゴリー別、あるいはメーカー別に、小売業が卸売業に帳合を付けることで、卸売業を相互に牽制させてきました。仕入先間の競争原理といえば聞こえはいいですが、無駄な仕入れ競争を強いております。小売業は、仕入が部門別・メーカー別になる代わりに、自社物流センターで売場単位に店舗に納品できるようにしてきたのではないかと思います。

　小売業のセンター納品化は、小売業の全国展開とも関係しております。従来、小売業も卸売業も地方単位の経営形態でしたが、小売業はいち早く全国展開をする企業が出てきました。小売業にとって商品の安定供給の保証が、必ずしも満足できるものではなかったのでしょう。全国展開できる卸売業に帳合が暫時移行しております。中小規模の卸売業の減少にも表れております。

商品調達面からは、小売業の規模の拡大と合わせて、卸売業への数量割引やリベートの要求にも繋がり、小売業の仕入原価低減の交渉に晒されました。

　卸売業は、店舗経営に関するリテール・サポート・システムを開拓して、各種サポートメニュー（売場提案、販促提案等）を提案してきました。提案の中には、フルターンキー方式の提案や、ラックジョバー的な活動もありました。

　小売業の調達物流面では、一部卸売業では、一括物流の提案と運営受託がされましたが、小売業に調達物流の運営の主導権を取られたままではなかったかと思います。

　小売業主体の店舗作業の効率化は、物流技術としては、取引先からの総量納品方式の開発、部門別仕分（カテゴリー仕分）、ピッキングの高精度化、定時一括店舗納品等によって進められていきました。最近では、小売業によっては、卸売業の在庫型を活用したやり方が模索され、一部稼動され始めています。小売業の帳合と売り場の関係は、表1-1-1のようになります。

<表1-1-1　帳合と売り場の関係>

メーカー	卸売業 （小売業の帳合先） （メーカーの代理店）	小売業 物流センター	小売業 店舗の売場
K社	販社	物流センターでは、卸売業から納品された商品を、部門単位や売場単位に仕分けして、店舗に納品します。	売場は、帳合とは関係なく部門単位や売場単位に陳列されています。
UC社	A社		
L社			
UC社	B社		
U社			
M社			
P社	C社		
N社			
F社			

④小売業のセンター納品化とサプライ・チェーン

　小売業の物流センターに納品することは、サプライ・チェーンの中で見ると、物流多段階に追い打ちをかけることになりました。典型的なセンター納品形態である小売業の店別型通過センターでは、メーカー→卸売業→「小売業物流センター」→店舗という風に、ノードが一つ増えることになりました。

　卸売業で良く言われる原理ですが、**「取引総数単純化の原理」**や「集中貯蔵の原則」から見ると、明らかにムダなことです。前者は、中間流通業が介在しますと、取引数が単純化され、流通経費が節約されるという原理です。後者は、中間流通業が、集中的に在庫を保有すれば、メーカーが分散的に保有するよりは在庫量が減少するという原理です。

　中間流通業たる卸売業を介した取引の方がサプライ・チェーンでは、効果的です。メーカー数をM社（例：30社）、小売業在庫センターをN社（例：10センター）、卸売業をK社（1社）とします。メーカーと小売業が直接取引する時の取引回数は、M社×N社（例：300回）です。卸売業を介した時の取引回数は、M社＋N社（例：40回）になりますように、明らかに取引総数削減効果がでます。

（2）製配販の物流形態別の物流費モデル比較

　製配販を通じて掛かる物流費を、小売業がセンター運営するモデル（総量型）と、卸売業が同等のサービスレベルで運営するモデルを比較します。両モデルの比較では、2.4%の差がでます（表1-1-2 次頁参照）。

　ここでも卸売業の物流を使う意味があります。表1-1-2は、1口5千円の商品に掛かる製配販の物流費を、1口当たりの経費に換算して試算したモデルです。

　モデルの前提は、次の通りです。

A. 庫内費や配送費の金額は、ケースやオリコンで1口5千円の商品に対してかかる1口当りの庫内費や配送費です。表1-1-2中のメーカーであれば、庫内費120円、輸送費50円が相当します。

B. 表中のパーセント（%）の比率は、庫内費と輸送費（配送費）の合計を、1口5千円で除した対売上物流費率です。例としては、（庫内費120円/口＋輸送費50円/口）÷5千円/口＝3.4%が相当します。

C. 小売業物流センターの運営費は、取引先（卸売業）が負担しているセンターフィーで賄われているものとしています。ここでは括弧書きして、製配販の物流費合計（3.3%に相当）からは除いています。

<表1-1-2　製配販の物流形態別の物流費モデル比較>

製配販	メーカー		卸売業			小売業物流センター (総量型) →店舗		製配販の物流費合計
費用科目	庫内費	輸送費	庫内費	配送費	センターフィー	庫内費	配送費	
小売業モデル	120円	50円	125円	60円	165円	(75円)	(90円)	520円
	3.4%		3.7%		3.3%	(3.3%)		10.4%
卸売業デル	120円	50円	140円	90円	0	0	0	400円
	3.4		4.6%		－	－		8.0%

第2節　企業内物流と企業間物流

　企業内物流でのコスト削減努力や物流品質では、日本のロジスティクスは国際的には引けをとらないとみております。しかしながら、企業間や産業間のロジスティクスでは、サプライ・チェーン全体のトータルコストを最小化する視点が欠如しておりました。その為に、サプライ・チェーン上の合理的な機能設計が、なおざりにされています。全体最適よりも部分最適が優先され、企業毎のコスト改善はあるものの、流通全体がコスト競争力を生まなくなっているではないかと考えています。

　機能設計の範囲を産業間や企業間から企業内にレベルを分けてみますと、
　レベル1は、サプライ・チェーンを範囲として設計することです。即ち、日用品を例に取れば、そのサプライ・チェーンは、原材料メーカー→メーカー→卸売

業→小売業→消費者になりますが、それを対象に産業間・企業間物流を設計し、開発を考えることになります。

レベル２は、企業間・企業内物流を対象に、企業の機能上の課題から物流センターを範囲として設計することです。

レベル３は、企業内物流を更に部門単位、ここでは物流部門ということになりますが、企業内における物流設備を範囲として設計することになります。

個別企業努力の範囲を超えた、全体設計をどこが行うのかという課題はあります。製造業が、海外で生産するのが当たり前の時代です。国内の製造業の空洞化とともに、グローバルにモノが行く合う時代だけに、国内物流をどうするかは早晩手を付けざるを得ないことになります。物流に対する潜在能力からすると、卸売業が一番近い位置にあると思っています。

第３節　物流費を決めるのは取引条件

（1）取引条件

サプライ・チェーンは、企業間の「受発注」と「納品」の二つの機能で連結されております。この二つ機能を使って、卸売業の物流費を説明しますと、メーカーと卸売業、あるいは卸売業と小売業との間の物流費を決めるのは、二社間の取引条件に多くは依存しております。

卸売業と小売業との間の取引条件は、小売業の商品仕入部門と卸売業の営業部門が決めており、卸売業の物流部門が関与することはあまりありません。卸売業の営業部門は、日頃から物流に関心を持たざるを得ません。あるいは、持たなければ卸売業のコストの根幹を決めていることを自覚しておく必要があります。

取引条件を見直すことは、物流部門が行う物流費削減よりは遥かに大きな削減効果が生まれます。それが、企業内物流で見るのか、企業間にまで広げて物流を見るのかの分かれ道になります。

（2）小売業の取引条件

　小売業が要請する取引条件には、①小売業からの受注締め切り時刻、②店舗への納品時刻、③受注から納品までのリードタイム、④受注単位、⑤センター納品又は、各店納品、⑥商品の消費期限管理、⑦付帯作業として、小売業の専用ラベル貼りや、納品時の専用容器（カゴ車、オリコン等）使用の指定があります。

　①卸売業の「小売業からの受注締め切り時刻」は、卸売業の出荷側からみますと、いつ受注があるかを決めますので、作業をいつ始められるかを決めることになります。朝一番に受注が入っておれば、そこから作業はかかれることになります。午後の受注であれば、午後から作業にかかることになりますので、庫内作業費に影響します。

　②「店舗への納品時刻」は、その指定時刻次第では、配送コストが大幅に変わります。典型的な配送コースの比較は、店舗毎に定時一斉納品時刻にするのか、ルート別に順次納品を採用するかです。前者は、店舗別定時になりますので、店舗数だけの車両が必要になります。後者は、エリア単位にコースを組みますので、コース数分だけの車両が必要です。小売業から店舗オペレーションの立場からよく定時一斉納品が求められますが、配送コストと店舗オペレーションコストとの総和が小さくなるかどうかを判断したうえで、決めることだと考えております。

　③「受注から納品までのリードタイム」の長短は、物流センターのコスト全体に影響をもたらします。今日、小売業と卸売業の間で、半ば当たり前のようになっています当日受注・当日納品は、卸売業の物流センター運営に厳しさをもたらしています。当日受注・当日納品と対をなす当日受注・翌日納品とを比較してみますと、良くわかります。この二つの違いは、物流作業において作業計画が事前にできるかどうかにあります。前者は、今日来た受注を今日作業するわけですので、物量の大小にかかわらず、従業員も車も物量が大きいことを想定した用意が必要です。後者は、少なくとも前日には物量がわかっていますので、予め従業員も車も適量の用意をすればよいことになります。この差が、コスト差を生みます。

改めて言うまでもなく、当日受注・当日納品の方が、コストは割高になります。

　④「受注単位」には、小売業と卸売業間で発注される単位や、メーカーと卸売業との間の発注単位を指します。例えば、小売業や卸売業間の発注単位には、パレット単位、ケース単位、ボール（中箱）単位、ピース単位があります。小売業からの発注単位は、ほとんどがピース単位です。しかも店舗からはアイテム毎に1ピース単位で発注されています。受注単位は、出荷する側である卸売業の運営コストと設備投資に関わってきます。

　設備投資額であれば、ピース・ピッキングの設備を用意するかどうかで、設備投資額も倉庫面積も変わります。日用品卸売業の経験では、ピース設備投資額は、物流センター投資額の約25%を占めます。また、倉庫スペースも、同様に25%〜30%占有しますので、倉庫賃料がさらにかかることになります。

　運営費もピース・ピッキング作業の方がケース・ピッキング作業よりもはるかにかかります。表1-1-3のような仮設で検討しますと、ケースだけの受注の方が作業費は33%低くなります。

　受注単位次第では、設備費、倉庫費、作業費のすべてに亘り、コストに影響します。食品卸売業では、ピース・ピッキングの検討の余地は、例外を除いてないでしょう。

<表1-1-3　受注単位と作業費>

受注単位	現状の受注例		〈仮設〉ケース単位のみ受注	
	作業費	物量構成比	作業費	物量構成比
ケース受注	50 円/ケース	50%	50 円/ケース	100%
ピース受注	100 円/オリコン	50%	0	0
庫内作業費	75 円/口	100%	50 円/口	100%

注1. ケース作業は、入荷から出荷に至るすべての作業費を含むものとします。ここでは1ケース当り作業費50円/ケース。
注2. ピース作業は、1ピース当り作業費を4円とし、1オリコンに25ピース入っているものとして試算しています。従って、1オリコン当り作業費4円/ピース×25ピース/オリコン＝100円/オリコン。
注3. オリコンとは折り畳みコンテナの略です。

メーカーと卸売業との間であれば、車両単位に発注を促す取引条件があります。例えば、フルトレーラー単位、10トン単車単位や4トン車単位に発注すれば、割引額をいくらにするといった条件が見受けられます。まとめ効果の大きい車両の方が、割引率を大きくできます。

⑤センター納品と各店配送
　卸売業にしてみると、コスト面からは物流センター納品をするよりは、小売業の各店配送を選択した方がはるかに低コストで済みます。"表1－1－2．製配販の物流形態別の物流費モデル比較"（p.12）で書きましたように、総量型の小売業の物流センターに納品する卸売業の物流コストは、納品金額に対して7％かかります。
　一方、卸売業が、各店舗へ納品すれば、納品金額に対して4．6％で済みます。センター納品化していったために、この差である2．4％が発生し、卸売業が低収益性になっていったことを物語っています。
　小売業にしてみると、帳合先の卸売業が各社バラバラに納品されると、店舗オペレーションに支障をきたしますので、センター納品化に踏み切ったとも言えます。

　以上のように、取引条件が、物流費を大いに規定しております。それだけに、企業内だけではなく、企業間でかかるコストをどのように考えていくかで、製配販に関わる産業全体のコストを高くにも低くにもなります。

第2章

卸売業の物流の位置付け

第2章　卸売業の物流の位置付け

第1節　卸売業の社会的役割

（1）伝統的な卸売業の社会的な役割

　卸売業の伝統的な機能は、メーカーと小売業の間で商品の流通と物流において果たしている「商品の品揃え」と、「諸機能」の統合的提供です。

　メーカーにはなかなかできない小売業が必要とする商品を、卸売業は「品揃え」し、メーカーと小売業の間の商流と物流を担っております。卸売業は、社会的な機能において有用であり、他の産業に替えがたい「統合的な諸機能」を提供しています。

　ここでいう卸売業の諸機能とは、主たる客先である小売業への売場提案機能、販促機能、受発注機能、在庫機能、物流（仕分・配送）機能、店頭サポート機能、金融機能をいいます。メーカーが独自の商品を生み出していく生産機能や小売店の店舗販売機能とは違っております。

　卸売業の一つひとつの機能は、他産業が参入し、"代替可能な機能"を果たせるかといえば、そう言えなくもありません。例えば、物流において、サードパーティーロジスティクス（3PL）が、物流機能を卸売業に替わることができるかと言えば、できないことではありません。

　しかし、3PLが、帳合に基づく在庫機能や、受発注機能を代替できるかといえば、多くの課題があります。卸売業の物流機能が、商取引の中で在庫や受発注、更には代金決済までと深く関わっている機能のためだからです。

（2）卸売業とサプライ・チェーン

①卸売業の役割

　「規模の経済」が進展しています。小売業の主力であるチェーンストアは、全

国出店を目指して、各社は、新店とM&A（merger and acquisition, 合併）を繰り返して、出店エリア拡大と増店をしています。

　卸売業は、社会的に連鎖しているネットワークの中で、メーカーと小売業を結ぶ結節点になっているともいえます。メーカーが、対小売業との中で、なかなか持ちえない関係（隙間）を、卸売業は、人的関係、情報や知識でコントロールしております。

　サプライ・チェーンの中において、卸売業は、大きな役割を果たしております。持てる力を発揮すれば、サプライ・チェーンの構造改革に大きく寄与することになります。特に、情報システムと物流の力次第です。

②サプライ・チェーンの新モデル

　サプライ・チェーンには、在庫の「量」の管理が、不可欠です。在庫の量の適正化には、在庫の量を市場動向（需要量）に同期化することです。そのためには、サプライ・チェーンに係わる企業（製・配・販）の情報の共有が、ベースになります。

　製配販の共有するべきデータは、商品毎の販売量データ（単品別出荷量データ）と、単品別在庫量データ（商品の在庫残と、その在庫量で対応できる出荷日数データ）の二つです。その基になるデータは、小売業の「POSデータ」と「店頭在庫量」です。

　卸売業は、サプライ・チェーンの担い手として、小売業のPOSデータと店頭在庫量データを把握すれば、小売業からの発注を受けずに、卸売業の判断で必要在庫を送り込むことが可能です。

　即ち、小売業と卸売業の取引条件であります納期（リードタイム）や受注単位が変わり、それらをなくすことができます。配送の頻度や単位も変わるでしょう。物流拠点の位置も変わるでしょう。

　卸売業は、製配販の各企業間のサプライ・チェーンの構造を、情報システムを起点にして大きく変える力を持っています。情報共有化が図れますと、新しいサプライ・チェーンが開けてきます。

　参考までに、モデル（私案）を書いております（図2-1参照）。

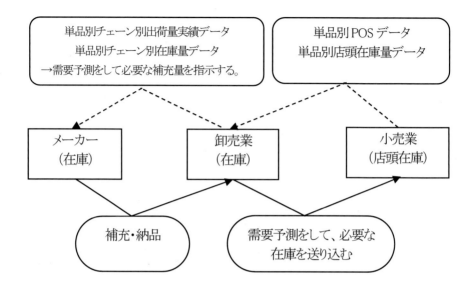

<図2-1　情報共有化後のサプライ・チェーンのモデル図>

第2節　生産と物流の違い

　生産と物流の違いは、二つあります。一つ目は、モノを作る機能と、モノを運ぶ機能の違いです。二つ目が、自律性と計画性の違いです。
　一つ目は、生産が1品種を連続的に作る機能であり、原材料から製品にしていくプロセスです。従って原材料からはじまり製品をパレタイズ（Palletize　パレット化）していくことになります。すなわち、原材料→製品（ピース）→製品（ケース梱包）→パレットに積みます。
　それに対して、物流は、受発注という情報を基に多品種のモノを同時に動かす機能です。パレット化されている商品を、ケース若しくはピースにデパレタイズして、納品していくプロセスです。
　二つ目は、生産が、「計画」をして生産業務を遂行できる点です。製品をいく

つ作るかの生産計画から始まります。

　物流では、受発注があって始めて仕事が始まります。その点では受動的ですし、今日受注したモノは今日納品するという条件（制約）の中で業務が行われていきます。物流が受動的だと書きましたが、能動的に業務を行うには明日の物量を予測する技術が重要になってきます。

第3節　物流機能の領域は幅広い

　卸売業の代表的な機能である物流は、その活動領域は、次の①と②です。
①卸売業として、メーカーから消費者に至るサプライ・チェーンの構築と運用
　サプライ・チェーンは、市場に商品を供給するために行われる業務のつながりをいいます。それは、メーカー、卸売業、小売業等の企業によって分担され委ねられています。また、サプライ・チェーンにおける企業間の関係は、「受発注」と「納品」という二つの機能によって連結されています。
　「発注」は、小売業→卸売業→メーカーへと流れます。
　発注情報を基にして、「納品」は、メーカー→卸売業→小売業へと流れています。その意味では、現在のサプライ・チェーンは、「店頭で商品が売れた（モノが動いた）」後に、「その商品の補充発注をする（情報が動く）」ということになります。即ち、「モノに情報が紐づく」物流であるといえましょう。モノの動きを捉えて、それを情報化し、物流を効率化してきたとも言えます。

　日用品に代表される伝統的な流通チャネルにおける買い場は、「小売店」です。小売店に至る流通チャネルとしては、代理店制度を敷くメーカーと販社制度をとるメーカーに分かれます。消費者は、小売店で購買するものとして、流通関係者は事業を組み立て、マーケティング活動をしております。
　サプライ・チェーン全体の市場動向（需要量）と供給活動（供給量）の最適化を図り、サプライ・チェーンの目的である流通全体の在庫量の適正化とローコスト化には、卸売業は重要な位置にあります。

卸売業が、サプライ・チェーンそのものをマネジメントすることを目指す上で、製配販の情報共有が鍵になります。情報の共有こそが、サプライ・チェーン全体（製配販）の機能をリエンジニアリングすることになり、構造を変えることになります。そのために、経営戦略や営業戦略と整合を持つ物流戦略及び物流施策を立案し、遂行することです。得られる成果は、在庫削減とコスト削減です。

　立案・遂行する対象領域は、エンジニアリングと運営が主たるものです。運営の前提となる物流センターを設計し、開発していける技術を持つことが必要です。物流に関する幅広い技術的な領域が求められます。具体的には、

● 　物流拠点政策
● 　倉庫の建設、又は倉庫の賃貸借
● 　在庫戦略
● 　情報システムの設計・開発・運用
● 　設備（機械、制御、電気）の設計・開発・運用
● 　運営（庫内、配送、安全管理、品質管理、保守管理、コスト管理、人事・労務管理）等々が挙げられます。

②物流事業の経営
　物流事業から得られる成果は事業利益です。業務としては、事業企画、提案営業、運営（庫内、配送）、経営収支管理等があります。
　上述の①に書きました点と共通して、倉庫の立地や建設、情報システム構築、設備の技術を持つことです。顧客に企画したことを設計・開発できて始めて、提案できます。そのためには、企画・営業力がいります。

第３章

物流コスト

第3章　物流コスト

第1節　物流費

（1）物流費とはなにか

　物流費は、物流の機能別には、輸送費、保管費、包装費、荷役費、流通加工費等に分けられます。費用の投入要素別には、人件費、設備費、倉庫スペース費、情報処理費、消耗品費等に分けられます。

　ここで検討します運営に関わる物流費は、「所与の物量を、所定のサービス内容と品質基準を満たす上で、発生した費用」とします。

　「所与の物量」は、メーカーから仕入した入荷物量、取引先から受注した出荷物量、物流センター間でやりとりする横持・転送物量等をいいます。いずれの物量も、取り扱う単位としては、パレット（PL）、ケース（C/S、梱）、ボール（内箱）、ピース（P、本、個）、ロ（クチ、配送時のケースやオリコンの数）で表されます。

　「所定のサービス内容と品質基準」は、客先等と取引を行うに当たって契約（約束）した条件をいいます。具体的には、受注商品、受注単位、受注数量、受注頻度、受注・納品リードタイム、納品品質、納品箇所、納品受渡等をいいます。

（2）物流費が発生する部門

　費用の発生する発生部門には、物流拠点（センター）の配送部門や庫内部門と、本部（本社）部門があります。

① 配送部門で発生する費用は、配送部門に所属する社員に支払った人件費、自社車両にかかる費用（軽油代、車検費用、保険料、車両減価償却費等）、運送業者に支払った運賃です。

② 庫内部門で発生する費用は、庫内作業にかかわる従業員の人件費、雑給等です。

第3章　物流コスト

③　本部（本社）で発生する費用は、一般管理費とします。

（3）物流部門の損益計算書

　発生した費用は、会社単位や部門別損益計算書としてまとめられますので、例示しておきます（表3-1-1参照）。

<表3-1-1　物流部門の損益計算書の例>

勘定科目	（計算式）	金額（単位：千円）		
A. 売上高		６０，４３７		
B. 売上原価	(B=B1+B2)	５２，２８８		
B1. 配送原価	(B1=B11+B12+B13)		22,288	
B11 人件費				7,638
B12 委託配送費				11,494
B13 その他				3,156
B2. 庫内原価	(B2=B21+B22)		30,000	
B21 人件費等				26,296
B22 その他				3,704
C. 売上総利益	(C=A-B)	８，１４９		
D. 一般管理費		２，９６０		
E. 営業利益	(E=A-B-D=C-D)	５，１８９		

（4）固定費と変動費

　物流費は、固定費と変動費に分けることができます。固定費は、物量等の増減に変化しない費用です。変動費は、物量等に比例して発生する費用です（図3-1）。物流費は、変動費と固定費の和ですので、式に表しますと、つぎのようになります。

物流費　（Y）＝変動費　（Y1）＋固定費　（Y2）・・・・・・・・・・・（1式）

変動費（Y1）は、作業単価と数量の積ですので、変動費＝単価×数量・・（2式）

固定費（Y2）は、定数（固定費の和）・・・・・・・・・・・・・・・・（3式）

従って、式に表しますと、

25

$$Y=Y1+Y2 \cdots\cdots\cdots\cdots\cdots\cdots\cdots\cdots\cdots\text{(1式)}$$
$$Y1=a\times X \cdots\cdots\cdots\cdots\cdots\cdots\cdots\cdots\cdots\text{(2式)}$$
$$Y2=b \cdots\cdots\cdots\cdots\cdots\cdots\cdots\cdots\cdots\cdots\text{(3式)}$$

以上から、(1式) は (4式) になります。

$$Y=aX+b \cdots\cdots\cdots\cdots\cdots\cdots\cdots\cdots\cdots\text{(4式)}$$

<図3-1　変動費と固定費の関係>

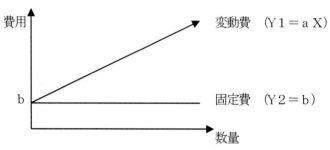

費用を固定費と変動費に分けて例示しますと、表3-1-2や表3-1-3のようになります。

<表3-1-2　固定費と変動費>

費用区分		勘定科目	計上基準
費用	固定費	家賃 (倉庫費)	賃借した倉庫代、又は倉庫の減価償却費、修繕費、税金、保険関連費
		設備費	設備投資に伴う減価償却費、又はリース料
		システム費	システム開発費の減価償却費、システム機器購入費の減価償却費又はリース料
		社員人件費	社員人件費 (給与、賞与、退職金、法定福利費、福利厚生費等)
	変動費	庫内作業費	庫内作業に係わるパート等の雑給、人材派遣の委託人件費
		庫内管理費	事務費、消耗品費、光熱費、会議費、通信費等
		配送費	配送関連費 (支払運賃、庸車料、宅配運賃等)

第3章　物流コスト

<表3-1-3　固定費と変動費の例>

表3-1-3の数値は、表3-1-1を固定費と変動費に分けて例示しています。

勘定科目	固定費（千円）	変動費（千円）	費用計（千円）
B1 配送原価			２２，２８８
B11 人件費	７，６３８		７，６３８
B12 委託配送費		１１，４９４	１１，４９４
B13 減価償却費	２，５４６		２，５４６
B13 税金	２５		２５
B13 保険料	５０		５０
B13 燃料費		１５０	１５０
B13 修繕費	５０		５０
B13 一般管理費	３３５		３３５
B2 庫内原価			３０，０００
B21 人件費	３，２００		３，２００
B21 雑給		２３，０９６	２３，０９６
B22 その他	３，７０４		３，７０４
D. 一般管理費	２，９６０		２，９６０
配送・庫内原価と管理費計	２０，５０８	３４，７４０	５５，２４８
対売上比（対６０，４３７）	３３．９％	５７．５％	９１．４％
対費用比（対５５，２４８）	３７．１％	６２．９％	１００．０％

　運営する物流拠点の立場からみますと、固定費は、拠点の管理者には、ほぼ管理不可能な費用ですし、変動費は管理可能な費用になります。

（5）損益分岐点

　固定費や変動費は、損益分岐点や限界利益を計算する上で必要な費用区分です。損益分岐点は、売上高とそれにかかった費用が一致し、利益も損失も生じない売上高（損益分岐点売上高、略して"損益分岐点"とします）のことです。損益分岐点は、一定の利益を確保するためには、どれだけの売上高を必要とするかという時に用いられます。

　肝心なことは、売上によって、固定費を回収できるかにあります。固定費を回

収できるのは、固定費に相当する利益を稼ぐことです。利益を稼ぐには、1単位ずつを売ることで発生する売上高と、それにかかる費用（変動費）に差分があることです。即ち、損益分岐点は、売上－変動費＝利益＝固定費になることです。売上－変動費を売上で割算して、率の形にすると、1－変動費÷売上になります。したがって、1－変動費率が、固定費率に相当すればよいことになります（固定率＝1－変動費率）。

　損益分岐点の求め方は、固定費をF、変動費をV、売上高をSとして、損益分岐点Xを求める式は、次のようになります。

損益分岐点＝固定費÷（1－変動費÷売上）・・・・・・・・・・・・・（1式）
損益分岐点＝固定費÷（1－変動費率）
　　　　X＝F÷（1－V÷S）・・・・・・・・・・・・・・・・・（2式）

　一方、卸売業では、簡便法を使えます。簡便法でもよいのは、卸売業の場合は、売上原価率が変動費率と見なせますので、1から売上原価率、即ち変動費率を控除したのが、粗利益率であるためです。上の2式を使って説明しますと、

　　損益分岐点＝固定費÷粗利益率　（X＝F÷粗利益率）・・・・・・・・（3式）

　表3-1-3を例にとると、損益分岐点は、費用55,248千円に売上高が等しくなる時です。従って、売上高が55,248千円を超えれば、利益は出ます。売上高が55,248千円を下回れば損失になります。

　変動費率は、変動費34,740千円を売上高55,248千円で除した、0.629ですので、損益分岐点は、55,248千円≒固定費20,508千円÷（1－変動費率0.629）になります。損益分岐点の簡便法では、55,248千円≒固定費20,508千円÷粗利益率0.371になります。

　損益分岐点を良くするには、少ない売上でも利益が出るようにすることですから、損益分岐点を下げることになります。その為には、固定費や変動費の費用を抑えて、粗利益率を上げるか、売上高を上げることになります。

物流費を、固定費と変動費に分けて考えることが、損益分岐点を改善すること
になります。固定費は、設備投資に関わる減価償却費や、リース料の費用と人件
費です。変動費は、庫内作業費や委託配送費等です。損益分岐点を良くするには、
固定費と変動費のコスト削減を考えることです。物流が、経営のオペレーション
分野を担当しているという点からは、コスト競争力こそ大きな役割になります。

（6）限界利益

　売上高から変動費と固定費を差し引いたものが、純利益です（1式）。
限界利益は、売上高から変動費を差し引いて算出される利益のことです（2式）。
したがって、純利益は、限界利益から固定費を差し引いたものです（3式）。
言い方を変えれば、限界利益は、純利益に固定費を加えたものです（4式）。

　純利益＝売上高（S）－変動費（V）－固定費（F）・・・・・・・・・（1式）

　限界利益（M）＝売上高（S）－変動費（V）
　　　　　　M＝S－V・・・・・・・・・・・・・・・・・・・（2式）

2式の左辺と右辺を入れ替えて（売上高－変動費＝限界利益）、1式の右辺に代
入しますと、3式になります。
　　純利益＝限界利益－固定費・・・・・・・・・・・・・・・・・・・（3式）

3式を変形しますと、
　限界利益＝純利益＋固定費・・・・・・・・・・・・・・・・・・・（4式）

　固定費の額は一定していますので、売上高が高ければ高いほど、原価の中で占
める固定費の割合は低くなります。売上高が低くなる場合は、固定費の割合は高
くなります。限界利益が、プラスである限りは、プラス分だけは、固定費を回収
できることになります。客先と取引する時に、限界利益が少なくともプラスにな
る取引をすることです。

（7）経費率と1単位当りの物流単価

物流費は、金額管理とともに、数量管理が重要です。数量管理を行うことにより、物流品質管理にもなります。入荷、出荷、納品、棚卸等の確認はすべて数量で行います。数量が合わないと、作業の精度が問われますし、作業ミス発見と改善につながります。

物流費の原価分析では、経費率比較とともに、作業工程別の生産性比較があります。

経費率比較は、売上構成比や同一物流拠点内の傾向分析に有効です。

生産性比較は、1単位当たりの物流作業の単価で、物流センター間比較ができます。物流作業単価を作業工程単位に算出しますと、作業工程毎の課題を発見し、改善に結び付けられます（第3章第3節庫内作業費、第4節物流ＡＢＣ参照）。

（8）原価を数量と単価に分解

原価は、数量と単価（作業単価）の積でもあります。原価を時系列で比較する時に、原価の増減は、単価の増減なのか、数量の増減なのかを分析しておきます。

事例（下図）では、単価（作業単価）が前期よりも上がり、数量が前期よりも下がったことを表しています。金額ベースでは、前期と比べて変わっていないように見えて、実は、（作業）単価アップ・数量ダウンだったことがわかります。したがって、作業の改善が必要なことが明らかになります。

<事例>

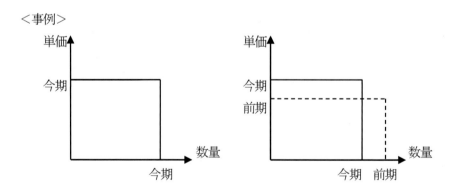

第3章　物流コスト

第2節　配送費

（1）配送費の構成要素

配送費は、受注した商品を、自拠点の物流センターから、相手方（例：小売業）の物流センター、若しくは店舗に納品する過程で発生する費用です。

配送費を構成する要素は、商品、配送荷姿、出発地、目的地、車両、配送作業の6つです。配送費を決めるのは、商品の数量・重量・容積、配送荷姿による配送車両の選択と、配送作業です。

① **商品**とは、「何を運ぶのか」です。ここでは、主に日用品、家庭用品、化粧品、医薬品（OTC）、加工食品等を指します。

　　商品の定義には、1回に運ぶ物量（数量、重量、容積）も含まれます。

② **配送荷姿**は、パレット単位、カゴ車単位、ケース単位、オリコン単位のことです。

　　配送荷姿が、配送作業の効率を決めることになります。例えば、パレット単位であれば、フォークで積み込み・荷卸しができます。カゴ車であれば、ケースやオリコンをまとめて運ぶことができます。

③ **出発地**は、自拠点の物流センターのことです。

　　目的地との位置関係で、距離が決まります。自拠点の荷揃え面積と車両の着床台数が積込の効率を決めます。

④ **目的地**は、相手方の物流センターや店舗の位置のことです。自拠点からの距離が決まります。納品できる車両の大きさ、納品先の受け入れ状態、納品時刻の指定の有無等で、配送効率が決まります。

⑤ **車両**は、積載重量・容積、装備（パワーゲート車、ジョロダー車等）、情報機器（GPS搭載、納品時検品用ハンディ・ターミナル等）等の車両の仕様で定義されます。車両の積載重量と容積が、配送数量を決めます。装備次第で配送作業効率が変わります。情報機器次第で運行実態分析ができます。

注：パワーゲート：車両後部でカゴ車等を積み上げし、積み卸しする装置。ジョロダー joloda 車：パレタイズした貨物を車内で移送するローラーを装備した車両。GPS：global positioning system、衛星からの電波を利用して自車の位置を測定するシステム。

31

⑥　**配送作業**は、配送前、配送中と配送後に分かれて作業があります。

配送前は、点呼・点検、配送指示書や納品伝票の受領、配送コースの確認、積み込み作業があります。

配送中は、相手方センター又は店舗への移動と納品があります。走行に伴う距離と時間が関係し、走行時の時速が課題になります。

時速は、都市部か地方か、また、昼間か夜間かで大きく変わります。

センターや店舗に到着後は、荷降ろし作業があります。

配送後は、持ち戻り品の庫内への返却、納品伝票整理、配送日報作成提出があります。

（2）配送量

配送する時の納品量は、商品の配送量そのものです。単位は、作業上カウントできる単位である「ロ (クチ)」です。具体的には、ケースやオリコンのように1ロとして数えられるモノを1単位としています。

配送の仕事上、受渡が必ず起きます。例えば、倉庫から配送車への受渡、配送車から客先に受渡があります。その際の単位として何を基準にするのかといえば、目で見て数えられるモノになります。

配送量を積み卸しする時の配送荷姿が大事です。配送荷姿であるパレット単位（パレット配送）、カゴ車単位（カゴ車配送）、ケース単位・オリコン単位（手積配送）によって、配送作業の生産性は大きく変わるためです。ユニットロードの方式や車両の装備状況も関わってきます。

注：ユニットロードは、貨物を一定の単位にまとめて、機械で荷役・輸送すること。パレティゼーション、コンテナリゼーションが代表例。

①　パレット単位（日本ではT11が基本形、1100㎜の正方形）は、パレットを1単位として数えます。ユニットロードの代表例である一貫パレティゼーションのように、フォークリフトによってパレット毎に積込・積み卸しができますので、作業生産性は高くなります。

②　カゴ車単位は、カゴ車単位にまとまった物量を人手で搬送できます。カゴ車

第3章　物流コスト

は、それ自体を1単位として数えられます。カゴ車に積み込んだケース若しくはオリコン数は別途に数えます。フォークがなくても、車両への積込・積み卸しも楽にできる点では、優れています。但し、車両に積込・積み卸しの際に、車両の装備としてパワーゲート（車両後部でカゴ車等を積み上げし、積み卸しする装置）が必要になります。

③　ケース単位やオリコン単位は、それ自体を1単位として数えます。手積作業は、積み込む時も、積卸しする時も、1口毎に作業をしなければなりませんので、ドライバーに多大な作業をさせることになります。

　以上のように、配送荷姿により、作業生産性が大きく変わりますので、どういった単位で配送ができるのかを検討することです。

④　配送量と配送方法

　配送量によって、自社で車を仕立てて配送するのか、外部の路線や宅配便を使うのかが選択されます。選択する基準は、取引先との条件によります。受注後納品するまでのリードタイムと配送量が鍵になります。例えば、2t車の配送能力が1台1回当り200口あり、1日1台当り2万円としますと、1日・1回に運ぶ量によって、1口当りの配送単価は変わってきます。表3-2-1の通りに、配送量の大小により、1口当りの配送費は大きく変わります。取引先との約束次第で、まとまった量で配送できるのか、1口でも自社で配送しなければならないのか配送方法の選択（1車単独配送又は路線等出荷）になります。

<表3-2-1　配送量と1口当りの配送費>

1日1回の配送量	1口	20口	50口	100口	150口	200口
1口当りの配送費	20,000円	1,000円	400円	200円	133円	100円

（3）車両

①車両特性

　自車であれ、庸車であれ、車両特性をまとめておくことです。車両別の輸送能力として、積載量（トン数）、荷台の容積（寸法）、車両の装備等を、車両台帳に記録しておきます。

②車両の積載量

　車両は、主に積載量で選択します。

　日用品であれば、1 ロ当りの平均重量は 10ｋg です。医薬品（OTC：over-the-counter 大衆薬）であれば、3kg/ロ、加工食品であれば5kg/ロです。日用品を運ぶとして、2トン車であれば、積載量は最大200ロ（積載量2トン÷10kg/ロ）になります。同様に、車種別・積載量別に検討したのが、表 3-2-2 です。

<表3-2-2　車種別積載トン数と配送量>

車種（積載トン数）	2t	4t	6t	8t	10t
1回当り配送量 （積載重量÷10kg/ロ）	200 ロ	400 ロ	600 ロ	800 ロ	1,000 ロ

③配送費の費用構成

　自家車の配送費の原価は、表3-2-3 のように人件費、車両費、一般管理費で構成されています。配送費の性格（固定費・変動費）を記しておきます。この表から明らかなことは、自家車の時は、燃料費を除くと、配送費は固定費だということです。配送をしてもしなくても、車とドライバーがいれば、定額の費用が発生します。

<表3-2-3　配送費の費用構成>

費用の内訳			固定費	変動費	構成比
自家車 配送費	人件費		○		59％
	車両費	減価償却費	○		20％
		税金	○		1％
		保険料	○		2％
		燃料費		○	6％
		修繕費等	○		2％
		計			31％
	一般管理費		○		10％
計					100％

第3章 物流コスト

④車両原価

　車両原価は、自車であれ、庸車であれ、ドライバーの賃金や、軽油（燃料費）の値段により変化します。車両の月当たり原価及び日建原価を例示しておきます（表3-2-4「車両原価」参照）。実務上は、例示の基本料金の他に、時間増しや距離増しがあります。

<表3-2-4　車両原価>

車両積載重量	2トン車	4トン車	10トン車
積載能力（10kg/口）	200口/台・回	400口/台・回	1000口/台・回
月当たり車両原価	55万円	56万円	68万円
（内訳）人件費	35万円	35万円	40万円
車両費	15万円	16万円	20万円
経費	5万円	5万円	8万円
1日当り車両原価 （稼動日数26日/月）	2.1万円	2.2万円	2.6万円

⑤積載重量別必要台数

　1日当りに1000口の物量を運ぶとした時の、積載重量別の車両必要台数と配送原価を、表3-2-5に掲載しておきます。

<表3-2-5　車種別台数>

車種	2トン車	4トン車	10トン車
A. 1日当り原価＜表3-2-4＞	2.1万円	2.2万円	2.6万円
B. 必要台数＝1000口÷積載量 　＜積載量:表3-2-4より＞	5台	3台	1台
C. 配送原価 　＝(A)1日当り原価×(B)必要台数	10.5万円	6.6万円	2.6万円

　何が勘所かといえば、大型車でまとめて運ぶ方が得だということです。この原

35

則を良く考えておくことです。車両の使用状況を分析する時に、2トン車を使用している場合は、2トン車でなければならない事情があるかどうかです。特に、店舗納品している場合は、店舗の納品条件（店舗立地、道路幅、納品時間帯、店内納品箇所等）を事前に調査しておくことです。

　また、納品条件を文書（納品与件書）にしてまとめておくと、ドライバーが変わった時や、新規に物流センターを開設した時などに、納品を適切に指示できます。物流センターに納品する時でも、10トン車で行けるかどうか確認しておくことです。

⑥車両の荷台とパレットやカゴ車のサイズ

　車両を選択する時には、車両の荷台のサイズに注目しておくことです。荷台の内寸とパレットサイズの関係や、カゴ車のサイズとの関係で、各々の積載枚数が決まります。

　因みに、T11パレット（1,100mm×1,100mm）と、カゴ車（例：650mm×750mm）の時に、荷台に積載できる枚数を表3－2－6に例示しておきます。

<表3-2-6 車両の荷室サイズ>

車種		長さ	幅	高さ	容積（㎥）	パレット枚数	カゴ車台数
2t車	標準	3,110	1,735	1,930	10.4	2枚	8台
	ロング	4,530	2,035	2,030	18.7	4枚	18台
4t車		6,200	2,260	2,230	31.2	10枚	27台

（4）庸車の契約形態と支払運賃

①庸車との契約

　庸車先との契約を確認しておきましょう。元請と孫請の契約関係にも注目しておきます。庸車への支払運賃方式には、月極、日建、時給、個建、運行等があります。

・月極、日建方式は、1ヶ月あるいは1日当りの配送費の定額を決めて支払う方式です。

・時給方式は、1時間当りの単価を決めて、それに拘束時間を掛けた額を支払う
方式です。
・個建方式は、1口当たりの単価を決めて、それに配送物量を掛けた額を支払う
方式です。
・運行方式は、1運行の単価を決めて、それに配送回数を掛けた額を支払う方式
です。

②個建契約と月極契約
　個建契約の場合は、配送口数を明確にできますので、支払計算も単純化されま
す。しかし、1口当りの契約単価で支払うのですから、個建単価が高いか安いか
で、依頼する側と依頼される側で綱引きが起きます。適正な原価から見て、高い
個建の時は、委託する側がいずれ契約単価を下げるように求めてきます。例えば、
個建80円/口で、1ヶ月1万口を配送すると、80万円/月になります。このケー
スでは高い個建となります。
　一方、安い個建の時は、委託される側が、採算が合わないので、値上げを要求
するか、仕事を断る可能性があります。例えば、個建40円で、1ヶ月1万口を
配送すると、40万円/月になりますので、このケースは安い個建になります。適正
な個建の配送費になるように、いずれ値上げか、撤退を通告されるでしょう。
　月極契約は、1か月間の配送費を定額にして契約しますので、運送会社は安定
して収入を得られることになります。しかし、配送する量によって、単位原価（配
送単価）は、高くも安くもなります。
　月極契約額÷配送物量＝配送単価の式になりますので、物量が多ければ配送単
価は安くなり、物量が少なければ配送単価は高くなります。肝心なことは、配送
量に見合った車両をどのように手配し、使うのかという配車計画と配車担当者の
腕にあります。

（5）車両の稼動率と生産性
　配送費は、固定費的な要素が強い費用です。固定費は効果的に使って始めて成
果がでます。配送費は、ほぼ、1台1ヶ月当りの固定費×台数となります。

配送費＝1台1ヶ月当りの固定費×台数・・・・・・・・・・・・・(1式)

　この式から言えることは、配送費は、固定費を下げるか、台数の削減です。固定費を下げることよりも、配送している台数が適切かどうかを検討します。

　台数は、自車もしくは庸車をいかに回転させるかにあります。あるいは、1台の車が、所定の就業時間内にどれだけの物量を配送できるかにあります。即ち、積載量と配送回転数を上げるかにあります（配送量/台＝積載量/台回×配送回転数）。これは、与えられた物量を配送するには、何台・何時間必要なのか車両の稼働状況を算出することです。

①車両の稼動

　車両の稼働を測定するには、就業時間に対して、積込時間、走行時間、滞店時間、伝票整理・報告時間、待機時間に大別して、時間を測定することです。式に表すと、次のようになります。

　就業時間＝作業時間＋待機時間（休憩を含む）・・・・・・・・・(2式)

　作業時間＝積込時間＋走行時間＋滞店時間＋伝票整理・報告時間・・・(3式)

　待機時間＝休憩時間＋非作業時間・・・・・・・・・・・・・・(4式)

　車の稼働率＝作業時間÷就業時間・・・・・・・・・・・・・・(5式)

　車の稼働率＝（作業時間×台数）÷（就業時間×台数）・・(6式：5式の変形)

　車の稼働率＝作業時間÷（作業時間＋待機時間）・・・・・（7式：5式の変形)

②車両の生産性

　1台の車が1時間当たり（台時）に運ぶ物量を作業時間と就業時間とに分けて測定します。測定した結果を生産性で表現しますと、次のようになります。1台が作業時間にどれだけ運べたかという作業台時生産性と、1台が就業時間にどれだけ運べたかという就業台時生産性になります。

　作業台時生産性＝物量÷（作業時間×台数）・・・・・・・・・・・(8式)

　就業台時生産性＝物量÷（就業時間×台数）・・・・・・・・・・・(9式)

　就業台時生産性＝｛物量÷（作業時間×台数）｝

第3章　物流コスト

$$\times \{(作業時間 \times 台数) \div (就業時間 \times 台数)\} \cdots \cdots \cdots (10式)$$

（10式）に、（8式）と（6式）を代入します（10式＝8式×6式）と、

就業台時生産性＝作業台時生産性×車の稼働率$\cdots \cdots \cdots \cdots (11式)$

③就業台時生産性の向上

就業台時生産性が、作業台時生産性と車の稼動率の積であることがわかります。従って、車の就業台時生産性を上げるには、(A)車の稼働率を上げることと、(B)作業台時生産性を上げることです。

(A)**車の稼動率**を上げるには、7式より、待機時間を少なくすることです。実務上、納品に行って、車両が待たされていることがよくあります。また、自社センターでも納品（入荷）に来た車両を待たせていることがあります。双方の改善交渉が必要ですが、待機時間をなくすことが、車の実車時間を上げていきます。

(B)**作業台時生産性**を上げるには、8式より、(B1)台数の減少もしくは、(B2)作業時間の短縮です。

(B1)台数の減少は、1台当たりの積載率と回転率を上げることになります。

(B2)作業時間の短縮は、その内訳である積込時間、走行時間、滞店時間、伝票整理・報告時間を各々短縮することです。

(B21)積込や滞店時間を短くするには、配送荷姿によって決まります。即ち、パレット配送、カゴ車配送、手積配送のいずれを採用するかに係っています。

(B22)走行時間の短縮は、走行時速を上げられるかどうかです。道路の制限時速や交通安全とも関係して、走行時速は、無暗には上げられません。走行時速を上げられる時間帯に走行することは可能です。昼間に走行するのか、夜間に走行するのかによって、時速は大幅に変わります。

（6）センター納品と店舗配送

多くの小売業が、センター納品化しています。一方、店舗配送（各店納品）は少なくなっています。センター納品の配送を検討する時は、配送量と納品時刻の2点に着目して、配送コースを作ります。また、パレット積みやカゴ車積の時は、車種の選択が大事になります。

店舗配送は、各店舗をどのように回るのかという配送コース作りが、要になります。それによって、配送の必要台数が決まります（後述の10. 配送コース作り参照）。

（7）納品指定時刻は大きな制約条件
納品先の納品時刻により使用する車両台数は、違ってきます。基本としては、順次配送ができるのか、あるいは一斉配送に拘るかにあります。小売業で行われている物流センターから店舗への納品時の配送を例にとって比較します。

順次配送は、納品する側の配送台数を絞ることができますので、配送費が低廉になります。店舗側は、納品時刻に合わせて店内作業をすることになります。

一斉配送は、納品する側は店舗数だけの車両台数が必要になり、配送費は台数分だけかかります。納品される側の店内作業が各店舗一律に決められますので、店舗作業を全店共通にすることができ、店舗オペレーションを全社統一して計画的に行えます。

実務上は、下記のモデルのような極端なことはないでしょうが、納品時刻と店内作業時間帯との取り合いが起きますので、両社・部門間で両社のコスト負担をどうするのかということになります。社会的には、車両台数の増減は、排気ガスの削減にも関わる問題です。

<表3-2-7　配送台数モデル>

	モデル1 対象10店を順次定時納品する	モデル2 対象全10店を一斉に定時に納品する
仮設	配送量：　　20口/店×10店＝200口 使用車種：　2トン車／配送最大積載口数　200口/台 日建配送費：20,000円/日	
必要車両台数	20口/店×10店/台×1台 ＝200口 1台で配送可能	20口/店×1店/台×10台 ＝200口 10台の配送車が必要
配送費	2万円/台日×1台＝2万円/日	2万円/台日×10台＝20万円/日

第3章　物流コスト

（8）就業時間制約と積載重量制約
①就業時間
　配送ドライバーの就業時間と積載重量によって、1日の配送店数が決められます。配送ドライバーの就業時間は、配送時間と休憩時間で構成されています（1式）。配送時間は、積込時間、走行時間、滞店・積み卸し時間、点呼と伝票整理時間等で構成されています（2式）。積込時間であれば、1口当たりの積込時間×口数です。走行時間は、走行距離÷時速です。積卸しは、1口当たりの積卸し時間×口数です。これらを式に表すと次のようになります。

配送ドライバーの就業時間＝配送時間＋休憩時間・・・・・・・・・・（1式）
配送時間＝積込時間＋走行時間＋滞店時間＋伝票整理・報告時間・・・（2式）
配送時間＝1口当たりの積込時間×口数＋走行距離÷時速＋1口当たりの積
　卸し時間×口数＋固定時間（点呼・伝票整理時間等）・・・・・・・・（3式）
配送時間＝（1口当たりの積込時間＋積卸し時間）×口数＋走行距離÷時速＋
　　　　固定時間・・・・・・・・・・・・・・・・・・・・・・・・・（4式）
配送時間の4式から、積込や積卸しの作業時間、距離、固定時間の3つが同じならば、口数と走行時の時速によって、配送時間が決まることがわかります。

②積載重量
　車両の積載重量ですが、2トン車よりも4トン車の方が、積載重量が大きく、同じ商品群ならば口数も多くなることは、誰もがわかることです。この点から、同じ配送時間を使うとしたら、積載重量の大きい車両を使うのが常道です。

③就業時間と積載重量の制約条件
　就業時間と積載重量の制約条件を加味したモデルを表3-2-8に示しておきます。モデル1は、2トン車で配送し、最大積載量200口を積んで納品しています。配送時間は、5．9時間となり、就業時間を余すことになります。従って、就業時間内の残り2．1時間をどのように使うかが課題になります。具体的には、配

41

送をもう1回転、近い納品先に行けると就業時間内に目一杯稼動したことになります。

モデル2は、4トン車を使ったケースです。配送時間は8時間と、就業時間内にありますが、配送量は300口と、最大積載量400口に対して積載率は75%になっています。積載能力を生かすには、就業時間を延長することになります。

表3-2-8は、配送車の効率性を評価する時の、積載率×回転率のモデルになります。モデル1では、積載率100%×回転率0.74回転、モデル2では、積載率75%×回転率1回転になります。長距離を走行する時は、勤務形態と勤務時間が更に課題になります。

<表3-2-8　配送時間と積載量の制約>

項目		モデル1 "2トン車"	モデル2 "4トン車"
平均時速		30Km/h	30Km/h
積込と積み卸しの1口当り作業時間		20秒/口	20秒/口
配送時間	積込時間	20秒/口×200口=1.1時間	20秒/口×300口=1.7時間
	走行時間	100Km÷30K/h=3.3時間	125Km÷30K/h=4.2時間
	積み卸し時間	20秒/口×200口=1.1時間	20秒/口×300口=1.7時間
	点呼・伝票整理時間	0.4時間	0.4時間
	計	5.9時間　<就業時間内	8.0時間=就業時間の制約
就業時間内最大配送距離		100Km（～125Km）	125Km
配送店数（4.8Km毎に均等に店舗が分布している）		20店　（～25店）	25店
配送口数		200口=最大積載量の制約	300口<最大積載量400口

（9）配送と荷揃えスペース

① 積込方式と荷揃えスペース

荷揃えスペースで課題になるのは、配送物量に対して荷揃えスペースが狭い時です。荷揃えスペースに見合った配送車両を着床させて、他の商品は仮置きスペースに詰めて置いておきます。積込が終わりましたら、仮置きスペースから荷揃

えに移動して、積み込みます。

　荷揃えスペースを少なくしようと考えるならば、倉庫の庫内から出荷先毎に出庫される都度、積み込みすればできます。但し、配送車を常に待機させることになります。

　一方、配送車にどの商品を積み込むのかを紐付する方式を採用する時は、配送車両に積み込む商品が揃うまで、荷揃えスペースに溜めておく必要があります。従って、荷揃えスペースは、配送量を想定したスペースを用意しておくことになります。いずれの方式を採用するのかは、どの配送車両に納品する商品を紐付けるかどうかにあります。

② 　荷揃えの仕方

　荷揃えの仕方には二通りがあります。車両1台毎に荷揃えするのか、複数台数で方面別に荷揃えするかです。

　前者は、自動化設備系でケースソーターを設置しているセンターで行われている方式です。ケースソーター設備の性格上、ソーターの割り付けが号車単位になるためです。

　後者は、複数の配送車をまとめて方面別に設定するやり方です。

　さらに、荷揃えのやり方に、直播方式があります。即ち、方面別若しくは企業別に荷揃えをする箇所を、予め荷揃え上に割り付けたパレット単位（カゴ車単位でも可）に設定しておきます。ケース又は、オリコンをピッキングした時に、荷揃え指示を、荷揃え箇所であるパレット単位の荷揃え番号にして積みつけていく方法です。この方法では、店舗別にも、店舗別・部門別にも目指すところに荷揃えをすることができます。

③ 　車両の着床台数

　荷揃えスペースに対して、配送車両の着床台数がマッチしていれば、1回で積込ができます。その為には倉庫の開口部と着床部との関係を、倉庫を設計する時や倉庫を借りる時に調査しておくことです。

　以上の3点（積込方式、荷揃え、着床台数）は、配送車両への積込作業の生産

性に大いに関係します。

（１０）配送コース作り
①配送コース作りと配送シミュレーション

配送コース作りは、配送費の構成要素及び制約条件（車両の積載重量、納品指定時刻、就業時刻等）を使って、配送に必要な車両台数を算出します。対象とする店舗が多数ある時は、配送シミュレータで、シミュレーションを行うことが効率的かつ効果的です。

算出する原則は、①配送車両台数は有限だと決めておきます。②運行時間（就業時間が目安）を制約条件として最小台数を決めます。

配送シミュレーションでは、制約条件を具体的に入力する必要があります。即ち、店の位置、納品指定時刻、車両条件、配送物量、滞店時間、走行速度です。

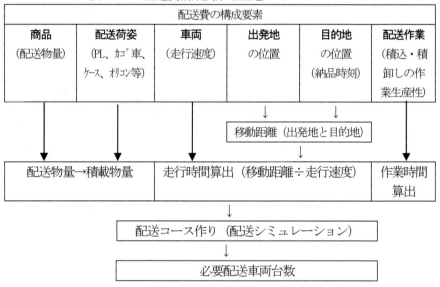

＜表3-2-9　配送費構成要素と配送シミュレーション＞

配送シミュレーションは、車両の積載効率と回転数を同時に考慮して、最小の車両台数で配送コースを算出することを目的としています。ソフトの組み方によってVICS（vehicle information communication system　道路交通情報通信システム）

ともリンクして、渋滞情報を入手できます。また、配送車の現在位置をリアルタイムで捕捉できます。配送コースに対する運行時間を評価して最適解を求めます。配送シミュレーション時の評価ロジックは、まず、走行時間と滞店時間の和を所要時間とします。

所要時間＝走行時間＋滞店時間・・・・・・・・・・・・・・・・・・(1式)

　次に、納品先の納品指定時刻の条件を満たすことと、稼動台数を最適（最小）にするために、いずれも時間換算値を設定しておきます。ここでは、時間換算評価値は、納品指定時刻を守るために店着遅れに対するペナルティ（例：10分×遅れ時間の二乗）と、稼動台数を最小化するために時間換算値（例：1台当り9000分×台数）を加えたものとします。

時間換算評価値＝店着遅れのペナルティ時間＋稼動台数最小化の時間換算値
・・・・・・・・・・・・・・・・・・・・・・・・・・・・・・・・(2式)
従って、配送コースの評価時間は、次の式で表せます。

評価時間＝所要時間＋時間換算評価値・・・・・・・・・・・・・・(3式)

評価時間の解が最小となる組み合わせを、コンピュータで試行錯誤させて探索します。店着遅れが発生する計画を最適解として出さないようにしておきます。その為に先ほど書いたようにペナルティを課しています。

②配送シミュレーションのモデル
　配送経路評価ロジックにおける試行錯誤の過程を単純化して示します。このモデルで参考にしたのは、2003年より使用しております「配送デス」（住友電工システムソリューション製）です。
　モデルの設定は、配送店8店、配送物量340口、車両積載トン数3ｔ、滞店時間は一律30分とします。物流センター（拠点）と店舗の組み合わせが、制約条件のもとで変わっていきます過程を簡単に述べております。

45

<図3-2 配送コースのシミュレーション・初期解のイメージ図>

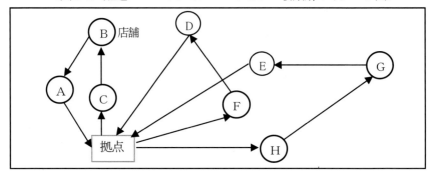

① 初期解の設定

　初期解は、納品指定時刻の早い店を1店目（店舗C）として選び、近くの店（店舗A、B）を、組み合わせて作成されます。この解では、3台で配送する試算になりました。所要時間515分（走行時間275分、滞店時間240分）に、時間換算値27,000分（1台当り9000分×3台）を加算します。

　評価時間は27,515分（所要時間515分＋時間換算値27,000分）になります。

② 解2

　店舗の入れ替えを行ってみます。仮に店舗Cと店舗Dを入れ替えてみます。この時も、3台で配送することは変わりません。所要時間545分（走行時間305分、滞店時間240分）、時間換算値27,000分（9000分/台×3台）になりますので、評価時間は27,545分になります。

　初期解よりも悪化した結果になりますので、再トライを行います。

③ 解3

　店舗Cと店舗Eを別車両で配送してみます。配送台数が2台になりますので、所要時間475分（走行時間235分、滞店時間240分）、時間換算値18,000分（9000分/台×2台）になりました。

　評価時間は18,475分になり、この段階では最適解になります。

④ 更に組み合わせを変更して、解3よりも少ない評価時間がなければ、解3が

第3章　物流コスト

最適解となります。

　このようにコンピュータ内で繰り返しして、台数と時間が最小化することを繰り返しますが、一定の時間で試行錯誤を打ち切り、最適解とします。

（11）配送費の分析指標
　配送費を分析します時の指標を表 3－2－10 にまとめておきます。基準値を作っておくと、原因探しや改善策がやりやすくなります。

<表 3-2-10　配送費分析指標>

項目		計算式	ねらい	基準値
①1 口当りの配送費		配送費÷配送口数	拠点間のコスト比較	
自車	②自車原価	人件費＋その他経費		
	③1 台 1 ヶ月当り配送費	②÷自社保有台数	他社との配送費比較	60 万円以下
	④1 台 1 ヶ月当り人件費	人件費÷同上		40 万円以下
	⑤1 台 1 ヶ月当り経費	経費÷同上		20 万円以下
	⑥1 台 1 ヶ月当り配送口数	配送口数÷同上		
	⑦1 台 1 日当り配送口数	配送口数÷（台数× 26 日/月）		
	⑧勤務適合比率	ドライバー人数÷台数		1.25 以下 （休日要員を含む）
	⑨車の稼動率A	配送時間÷就業時間	就業時間中に実際に運送している時間比率	80%以上
	⑩車の稼動率B	自車稼働台数÷（自車所有台数×26 日）		
庸車	⑪1 台 1 日当り配送費	委託配送費÷庸車延台数		23 千円以下
	⑫1 台 1 日当り配送口数	庸車配送口数÷庸車延台数		

47

第3節　庫内作業費

（1）庫内作業費とは何か

①庫内作業費

　庫内作業費は、庫内で行われる作業に関わる費用です。固定費である社員人件費、倉庫費（家賃又は建物減価償却費）や、設備・システム等は、除いております。従って、庫内作業費のほとんどが、従業員（パート等）への支払い賃金である雑給です。雑給は、時給と総人時の積と表すことができます（1式）。

庫内作業費（雑給）＝時給×総人時・・・・・・・・・・・・・・・・・・（1式）

　庫内作業費（雑給）を下げるには、1式より、時給を下げるか、総人時を下げることになります。時給を下げることは事実上できませんので、総人時を下げることが要になります。

総人時＝時間×人数・・・・・・・・・・・・・・・・・・・・・・・（2式）

　時間を一定（例えば就業8時間）としますと、作業する人数を減らすことになります。人数を一定としますと、時間を短くすること、いずれにしても、**作業の生産性**（1人が1時間で処理できる量、物量÷総人時）を上げることになります。

②庫内作業を行う場所と作業工程

　人時数が発生する作業を行う場所は、倉庫内です。作業を行う段取りとして、作業工程があります。卸売業や小売業の物流の作業工程には、倉庫への入荷から始まって、店舗納品までがあります。具体的には、入荷・検品、格納、保管、ケース・ピッキング、補充、ピース・ピッキング、仕分、荷揃え、積込、配送、店舗納品です。

作業工程の設計は、作業を行うに当たり、どの作業指示データに基づき、どのよ

第3章 物流コスト

うな作業を行うのかが検討されます。更に、作業生産性が検討され、設備設計や作業手順に落とし込んでいきます。

③庫内設備の例

庫内作業の作業工程を、設備化した事例を基に例示しておきます。庫内作業は、入荷系と出荷系の二つに分かれます。出荷系の作業は、ケース仕分作業とピース仕分作業に分かれます。

ケース作業は、ケース自動化、ケースソーターのみの半自動化、人手による非自動化に分かれます。

摘み取りピース作業は、摘み取り型のデジタルピッキング方式と、摘み取り型のカートピッキング方式等があります。

種蒔き型のピース・ピッキング作業では、カート種蒔き方式、ピース・ソーターや直播方式（GAS方式、HT方式）があります。ケース保管場所からピース保管場所への補充作業にも、自動化と手作業補充とがあります（詳細は、第6章を参照）。

<表3-3-1　設備概略>

庫内作業の設備概略			
出荷系	ケース仕分	ケース自動化	
		ケース半自動化	
		ケース非自動化	
	ピース仕分	摘み取り仕分	デジタルピッキング
			カート（CMS 等）
		種蒔仕分	ピースソーター
			カート（CMS 等）
			直播（GAS 方式、HT 方式）
	補充	自動化	
		非自動化	

注1．CMS：cart management system の略、ユニパルス社の商標。

注2．GAS：gate assortment system の略、タクテック社の商標。

④作業時間の定義

　庫内作業を行う時の作業時間、即ち、拘束時間、就業時間と作業時間の関係を予め定義しておきます。

$$拘束時間＝就業時間＋休憩（法定）・・・・・・・・・・・・（3式）$$

$$就業時間＝作業時間＋待機時間　・・・・・・・・・・・・・（4式）$$

<表3-3-2　時間定義>

労働時間	時間内訳の例		
拘束時間（出社～退社）	9時間/日　　（就業時間＋休憩時間）		
就業時間	8時間/日　　（作業時間＋待機時間）		休憩 1時間/日
作業時間	<u>作業時間</u> 例：7時間/日	待機時間 例：1時間/日 ・作業の手待ち ・ミーティング ・朝礼・昼礼・夕礼 ・研修 ・清掃等	休憩1時間/日

⑤就業人時生産性

　以上①から③のことを整理して、式に表しますと、次のようになります。

$$庫内作業費＝時給×総人時・・・・・・・・・・・・・・・・・（1式）$$

$$総人時＝時間×人数・・・・・・・・・・・・・・・・・・・・（2式）$$

$$就業時間＝作業時間＋待機時間（休憩含む）・・・・・・・・・（4式）$$

$$就業人時生産性＝物量÷（就業時間×人数）・・・・・・・・・（5式）$$

作業人時生産性＝物量÷（作業時間×人数）・・・・・・・・・（6式）

人の稼働率＝作業時間÷就業時間・・・・・・・・・・・・・・（7式）

$$就業人時生産性＝\{物量÷（作業時間×人数）\}×$$
$$\{(作業時間×人数\}÷（就業時間×人数)\}・・・（8式）$$

第3章　物流コスト

6式を8式に代入しますと、
　就業人時生産性＝｛作業人時生産性｝×｛作業時間÷就業時間｝・・・・(9式)
7式を9式に代入しますと、

就業人時生産性＝作業人時生産性×人の稼働率・・・・・・・・・(１０式)

　１０式は、8式を変形して6式と7式を掛け合わせてできたものだとわかります。この１０式は、庫内の生産性を論ずるときに、重要なことを示唆しています。就業人時生産性を上げるには、作業人時生産性を上げるのか、人の稼働率を上げるかにあります。

⑥作業標準人時の計算
　作業の主体である従業員の雑給は、時給に就業時間を掛けたものであるのは前述したとおりです。それでは、作業計画を組んだり、従業員を教育訓練したりする時に、作業毎に就業時間を出すには、どうするとよいのかになります。
　作業工程毎に**作業標準**を設定することになります。作業標準とは、作業についての作業条件、使用する設備などを決めて、作業手順（作業マニュアル）を明らかにしたものです。
　作業手順には、安全や品質の条件、作業標準時間などが含まれています。この作業手順は、作業者が自らの作業を行う際の基準となるものです。作業標準を守り、標準通りの正しい作業をすることが、品質の安定や作業生産性の向上、安全の確保につながります。
　就業人時を算出するには、「作業工程別」の標準人時生産性は欠かせません。作業工程別というところがミソです。物流の仕事は、入荷から始まって、出荷に至るまですべて繋がっています。各々の工程が適切に連携して始めて、高い安全・高い品質・高い生産性で仕事が行われます。庫内作業の内、ケース作業は、入荷・検品・格納、保管、ケース仕分、ピース補充、店別荷揃えに分けられます。ピース作業も同様に、入荷・検品・格納、補充、保管、ピース仕分、店別荷揃えに分けられます。分けられた作業毎に、遂行する標準時間が設計されます。

51

標準時間は、

A.作業に対して適正な熟練度を持った作業者が、

B.決められた設備を使用し、

C.決められた（標準）作業方法で、

D.決められた（標準）作業条件のもとで、

E.決められた（標準）作業速度で、

F.1単位の作業を成し遂げるのに必要な所要時間です。

この定義からわかるように、標準時間は、一定の訓練を受け、1人前と見なされる（適正な熟練度を持った）作業者を対象としています。標準作業方法で、標準の作業速度で、作業を行うときの所要時間です。

作業工程毎の標準時間で、1人が1時間で処理できる物量を前提に作られたのが、作業工程別の標準人時生産性です。

作業工程別標準人時生産性＝1人が1時間で処理できる物量

総人時＝（作業工程別）物量÷作業工程別標準人時生産性

標準人時生産性は、標準時間で設定されたように作業工程別にマニュアル化され、作業者の教育訓練の基になります。この章と節では、この標準人時生産性に基づいている就業人時生産性や作業人時生産性で説明しております。

⑦就業人時生産性の向上

"**就業人時生産性＝作業人時生産性×人の稼働率**"の意味は、庫内作業費の削減には、作業人時生産性を上げるか、人の稼働率を上げるようにすることです。

前者の"**作業人時生産性**"を向上すれば、庫内作業費が下がります。作業人時生産性は、6式で定義していますが、それを1回当りの作業に置き換えても同じことが言えます。6式を1回当りの式に変形しますと、

作業人時生産性＝物量÷（作業時間×人数）・・・・・・・・・・・・（6式）

作業人時生産性＝（1回当り物量×総回数）÷（1回当り作業時間×総回数×人数）

・・・・・・・・・・・・・・・・・・・・・・・・・・・・・（11式）

第3章　物流コスト

作業人時生産性＝1回当り物量÷（1回当り作業時間×人数）・・・・（12式）

12式は、作業する1回当りの物量を増やして、1回当りの作業時間を短くすれば、生産性は上がることを物語っています。

1回当り物量とは、例えば計量検品カート（CMS）で積載する物量にあたりますし、その物量を増やせば生産性は上がることをいっています。

1回当り作業時間とは、計量検品カートが1回転する時間にあたり、1回転する時間を短くすれば生産性は上がります。

計量検品カートの作業時間を短縮することを、例にとりますと、作業時間は、次のようになります。

作業時間＝準備時間＋移動時間＋作業時間＋整理時間

作業時間のうち移動時間は　移動距離を平均時速で除したものです。平均時速は、作業者毎にはあまり差異はありません。むしろ、移動時間を最小化しようとすれば、移動距離を短くすることです。移動距離を短くするには、庫内の作業動線を短くすることです。作業動線は、ピッキング間口の配置と荷揃えの配置に関わってきます。また、アイテム別に出荷分析（ABC分析）をすることによって計量的にも掴んでおくことです。どこでピッキングし、ピッキングし終わったオリコンをどこに荷揃えするかにあります。

また、準備作業や整理作業も、作業内容を標準化して指導するようにしますと、作業時間を短縮できます。実務上の経験では、作業者により作業内容にバラつきが大きく、改善の余地がありました。作業時間も同様に標準化することです。

このように、式の持つ意味を作業の実態に即して理解しますと、コスト削減のヒントが掴めます。

後者の**"人の稼働率"**ですが、人の稼働率を100％に近くすればするほど、作業時間は上がっていることになりますし、手待ち時間が減少していることになります。

53

⑧ピース・ピッキングの生産性モデル

　1人が1日8時間（28,800秒）に3,600ピースをピッキングしているとしますと、1ピース当りの作業時間は8秒（28,800秒÷3,600ピース）になります。就業人時生産性は、450ピース/人時（3600秒/人時÷8秒/ピース）になります。

　この生産性に比較して、作業時間を1秒長くして9秒にしますと、就業人時生産性は400ピース/人時と悪化します。逆に、作業時間を1秒短くして、7秒にしますと、就業人時生産性は514ピース/人時に良化します(表3-3-3参照)。

<表3-3-3　1ピース当りの作業時間と生産性>

1ピース当りの作業時間（秒/ピース）	12	11	10	9	8	7	6
就業人時生産性（ピース/人時）	300	327	360	400	450	514	600

　生産性を向上するには、作業工程毎の作業時間を短くすることです。

　表3-3-4のモデルで言えば、ピース・ピッキング作業のうち、準備や後片付け時間、歩行時間、ピッキング時間を対象に作業時間を短縮することを検討することです。歩行時間は、歩行速度が各作業員でほぼ同じとしますと、歩行距離によって決まります。歩行距離は、商品の配置によるピッキング順路で決まります。商品配置は、出荷量に応じて配置を決めることになります。

<表3-3-4　ピース・ピッキングをCMSカートで行うモデルフロー>

作業時間	作業工程		時間
準備時間	CMSカートにオリコンを載せて、オリコンとカートの紐付等の準備をします		8秒/ピース
歩行時間	カートの表示盤にピッキング・ロケーションが表示されますので、移動します		
ピッキング時間		ロケーションに着き、ロケーション・バーコードをスキャンします	
		指示された商品を、指示数だけピックします	
		商品のJANコードを、スキャンします	
		ピッキングした商品を、オリコンに入れます	
歩行時間	次のロケーションに移動します		
後片付け時間	ピッキングが終了したオリコンの中を整理して、オリコンを搬送します		

出荷量に応じて配置を決めるのは、週単位や月単位で商品の配置を見直して行うようにしていくと、適正な配置が維持できます。作業者の生産性を維持し、向上していくには、正しい作業動作（標準作業）を決めて、マニュアル化しておくことです。作業動作の他に、作業者、特に新人には、ロケーションの位置がわかる配置図を渡しておくことで、現在位置がわかるものです。その上で、マニュアルに基づき教育訓練することです。日常の作業時には、個人別に生産性を評価して、指導をしていきます。

　「マニュアル」の作成は、作業の目的、作業設備や必需品、作業場所の環境（エリア、通路、棚等）、行うべき作業動作、行ってはいけない作業動作を書きます。

⑨人時生産性は、設備化率と運営技術によります

　人時生産性は、1人が1時間当りに作業した物量です。人時生産性は、設備化率と運営技術によって決まります。

　設備化率は、人手作業から自動化設備までのレベルによります。通常は、人手よりは自動化設備の方が、設備化率が高く、生産性も高いことになります。設備化した方が、生産性が高いといっても、設備は投資を伴います。投資の面からのみた生産性との関係は、項を改めて検討します。

　運営技術は、運営マネジメントや作業者の作業習熟度によって決まる要素です。設備化率が高くなれば、一般的には人時生産性は向上します。設備化率が同じならば、運営技術の高低が、人時生産性を上げ下げします。

⑩人の稼働率向上

　人の稼動率は、就業時間に対する作業時間の割合です。就業時間中に、実際に作業した時間がどれだけかということになります。人の稼働率は、本来、１００％が望ましいことです。

　人の稼働率を向上させるには、作業時間の内容と、待機時間の適正さを調べることになります。作業時間は、生産性を個人別に調べることになります。待機時間は、小休憩を除いた時間の内訳を調べることになります。調査のポイントは、作業が連続して進行していくことを妨げている作業工程には何があるかを発見

55

することです。待機時間を発生させる制約工程（ボトルネック）が、どこにあるかを発見することです。

また、朝礼等のミーティング時間は短いことに越したことはありません。しかしながら、伝えるべき事項は、全員に適切に伝えることです。品質や安全問題がなおざりにならないようにします。

（2）庫内作業費分析

① 庫内作業の基本的な調査項目

庫内作業が行われる倉庫、設備・システム、組織、物量等を調査し、書き出しておきます。

・倉庫は、倉庫延床面積（倉庫部の面積、事務所等の面積）、倉庫レイアウトを書きます。

・設備・システムは、運営方式（在庫型、総量型、店別通過型等）と設備方式（ケース、ピース別の設備）を書きます。

・組織は、組織図を書きます。従業員人数は正確に把握してきます。

・物量は、入庫量、保管量、出荷量、配送量等を書きます（表7－1－8参照）。

・庫内費用（下記②、③参照）

② 庫内費用

庫内費用の勘定科目には、雑給と委託人件費（人材派遣に支払われる費用）があり、いずれも就業時間に従って支出される費用です。これらは変動費として扱います。庫内作業を担当している社員は、社員人件費とし、その他経費は、額が大きくないので便宜的に固定費に計上します。

経費は、金額が小さいものもあり、勘定科目毎に適正な支出かどうかの判断が求められます。その為に、内部統制上、支出基準と決裁基準（承認ルール）を定めておき、管理職としての自己管理と相互牽制が働くようにしておくことです。

③ 庫内費の固定費と変動費

固定費に関する費用は、まず、投下されている費用が有効に活用されているか

第3章　物流コスト

をみます。次に、活用されていない固定費はカットします。

　固定費の一番目は、運営部門での社員が適正に配置されているのかが課題になります。物流拠点としては、何人の社員が必要なのかは、職務設計に関わってきます。職務設計により、社員の採用、配置、異動、教育訓練が何よりも重要になってきます。

　二番目が、拠点の配置と規模です。

　三番目が、設備とシステムです。設備の仕様は別の項で検討します。

　変動費は、原則は、物量に応じて総人時（人と時間）が投下されているかにつきます。

④　作業人時生産性のまとめ

　作業人時生産性が、要になりますので、再度、定義と生産性のコツをまとめておきます。

　　・作業人時生産性＝物量÷作業人時
　　　　　　　　　　＝1回当り物量÷1回当り作業人時

　　・作業人時生産性を上げるコツ
　　　　・1回当り物量を大きくします。
　　　　・1回当り作業人時を小さくします（次頁の表3−3−5を参照）。
　　　　　例：移動（走行）時間の短縮
　　　　　　　純作業時間の短縮
　　　　　　　人数の削減

57

<表3-3-5 作業人時生産性の要点>

作業	1回当りの物量	1回当りの作業時間	
		移動（走行）時間	純作業時間
ケース仕分	1バッチ当りの物量を大きくすることで、1動作当りの物量を大きくできます。	移動距離が最小化になるように、出荷ABC分析により間口配置を行います。	
ピース仕分（摘み取り方式：デジタルピッキング）	ピッキングゾーン毎にピッキング指示が出ます。	ピッキング待機中に指示された間口に移動可能なので、移動時間は事実上あまり発生しません。	指示された商品を取る動作の改善よりは、オリコン投入動作の標準化と改善が必要です。
ピース仕分（種蒔き方式：総量カート）	CMSに1回当り積込量は、前処理で発生するトレー数によります。	・仕分先間口はコンピュータで決定されておりますので、作業者の任意にはなりません。但し、間口配置は出荷量分析で配置換えを定期的に行います。 ・移動時間の短縮は移動時速によります。	オリコン投入動作の標準化と改善が必要です。
配送	積込む商品が、重量勝ちか容積勝ちかによって、積載数量が決まり、車両の選択が変わります。	・納品先店舗は、予め決定されています。 ・走行時間の短縮は、走行時速によります。	積込時間、積み卸し時間は作業動作の標準化と改善が必要です。

第3章　物流コスト

⑤　庫内作業分析指標

庫内作業費を分析します時の指標を、表3-3-6にまとめておきます。

<表3-3-6　庫内作業分析指標>

分析指標	計算式	基準値
1．1口当たり庫内作業費　（円/口）	庫内作業費÷口数 （口数＝ケース数＋オリコン数）	
2．就業人時生産性　（口/人時）	口数÷就業時間	
3．作業人時生産性　（口/人時）	口数÷作業時間	
4．人の稼働率　（％）	作業時間÷就業時間	
5．社員の給与が人件費の中に占めている割合　（％）	給与÷人件費	
6．自社パートと人材派遣との時給差　（円/時）	パート時給－派遣時給	
7．オリコン比率　（％）	オリコン数÷口数	
8．オリコン入数　（本、ピース）	ピース出荷数÷オリコン数	

（3）庫内作業費削減の基本

庫内作業費を削減するには、

・作業工程を定義します。

・作業工程別の作業量を算出します。

・作業工程別の標準人時生産性（作業人時生産性）を設定します。

・雑給は、時給×人数×時間という要素で、検討します。

庫内作業費を改善するには、

①　**作業の制約条件**を発見して解除し、作業工程間を同期化します。

作業を遅らせている作業工程（ボトルネック）はどれかを発見して、作業工程毎の終了を**同期化**します。

作業の組み立て方が適切かどうか、出荷起動が適切に行われているかどうか、作業毎に物量に応じた適正な人数が配置されているかどうかを調べることです。

作業開始の出荷起動の実態を調査しておくことが基本です。

②　**物量予測**をして、必要な総人時を算出し「**計画によるマネジメント**」を実施

59

します（第4章第3節「計画によるマネジメント」を参照）。

③ **制約解除**の事例

制約となっている作業工程は、ピース・ピッキング①とケース・ピッキング②です。その為に**待機時間**が発生しています。

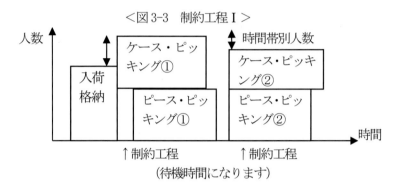

＜図3-3　制約工程Ⅰ＞

制約となっている作業工程を**同期化**しますと、所要時間が削減されています。こうした作業割当を行うには、全作業工程を一定人数で連続して作業ができようにすることです。時間帯別の作業量を平準化して、時間帯別の作業人員を平準化し、人員数を削減しています。人数×時間が最小化できるようになります。

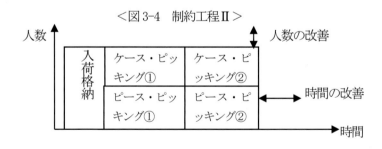

＜図3-4　制約工程Ⅱ＞

④ **制約工程**によって、待機時間が発生します。

待機時間が発生するのは、3つの原因があります。

A.出荷起動のタイミングにより作業ができない場合：作業をしたくても、出荷起動が遅れてデータがないために発生します。

B.作業物量に対する人数若しくは時間（総人時）の割り当てが、不十分な場合：物量に対して総人時数が足りない時に発生します。

C.自動化拠点では、ケース作業とピース作業が同期化してないことがままあります。そのために遅い工程が、早い工程の足を引っ張ることになります。

（4）庫内作業費削減の施策

　庫内作業費削減の施策は、就業人時生産性＝作業人時生産性×人の稼働率に基づきますと、就業人時生産性を向上させるには、作業人時生産性の改善と、人の稼働率向上の改善を行うことです。

①作業人時生産性の向上

　　A.設備化による効率化

　　B.運営技術の向上を図ることです。

　　　　・スペース・マネジメント：最適間口の配置によって作業動線を最短化します

　　　　・職務設計と育成計画：管理職、設備担当、システム担当の計画的専門教育を行います

②人の稼働率の向上

　　A.作業毎の物量に対する総人時の適正化を図ります。

　　　　・作業の計画物量を算出します。

　　　　・作業工程別の標準作業人時生産性を設定します。

　　　　・作業工程別の作業総人時を算出します。

　　　　・作業者別の勤務計画を作成します。

　　　　・作業者別作業割当表を作成します。

　　B.作業実行の連続化と平準化

　　　　・曜日別の出荷起動の最適化モデルを設定します。

　以上のAとBの施策より、作業計画書、作業勤務・作業割当計画書を作成します。毎日の作業の中では、作業進捗管理を行います。

第4節　物流ＡＢＣ（活動基準原価計算）

（1）物流ＡＢＣ

　物流費を、作業（活動）を基に説明してきました。別な言い方をすれば、原価計算方式の一つである ABC です。これは、Activity Based Costing、即ち、活動基準原価計算の略です。

　物流 ABC のコストは、活動（activity）、即ち作業を基に、作業工程別に定義します。作業工程の設定の仕方は、コスト発生の何を掴みたいかという目的によります。コスト発生のメカニズムを掴むという目的が、単純にケース・ピッキングやピース・ピッキングということもあれば、作業の細目に亘ることもあります。例えば、ピース・ピッキング（CMS カート方式）であれば、作業準備をします。ピッキング間口に行きます。商品をピッキングします。次の間口に移動します。戻ってきて、次の指示を待ちますという風に作業を細かくしていくこともあります。どのような作業が行われているのか特定できるようにして決めます。

（2）物流ＡＢＣの計算方式

　物流 ABC のコストの計算方式は、次のようになります。

ABC　コスト＝リソース・レイト×リソースドライバー×アクティビティ・ドライ
　　　　　　　バー

　　　　　（作業単価）　×　　（時間）　×（作業の回数）

　リソース・レイト（作業単価）：作業毎の作業単価、例として時給はいくらか
　リソースドライバー（時間）：作業にかけた時間を言います。
　アクティビティ・ドライバー（作業の回数）：作業の回数はどれ位か。

ABC算出事例

顧客A社に対するピース・ピッキング年間コスト（1,417千円/年）
＝作業者1分間の時給（17円/分）
　　×1ピース当りのピッキング標準作業時間（10秒/ピース）
　　×顧客A社の年間ピース出荷数（＝出荷回数、50万ピース/年）

（3）物流ＡＢＣの応用

　顧客別の物流費を把握する時には、物流ABCは、大いに力を発揮します。

　例えば、発注が店別発注の企業と、総量発注の企業とに分かれます。店別発注の場合は、ケースであれ、ピースであれ、店別に作業が行われます。一方、総量発注の時には、アイテム毎にまとめて作業が行われますので、店別発注に比べて、大幅に作業量が少なくなります。

　また、ケース出荷勝ちの企業と、ピース勝ちの企業とでは、作業量は違います。当然、ケース出荷勝ちの企業の方が、作業動作回数は少なくなります。

　従って、いずれの事例も、店別発注の企業やピース勝ちの企業の方が、コストは高くなります。こうした違いを明確に算出できるのが、物流ABCです。

わたしが両手をひろげても、
お空はちっともとべないが
とべる小鳥はわたしのように、
地面をはやくは走れない
わたしがからだをゆすっても、
きれいな音はでないけど、
あの鳴るすずはわたしのように、
たくさんの歌はしらないよ。
すずと、小鳥と、それからわたし、
みんなちがって、
みんないい
　　『私と小鳥とすずと』　金子みすず

第４章

マネジメント・サイクル

第4章　マネジメント・サイクル

第1節　マネジメント・サイクル

　マネジメント・サイクルは、マネジメント（経営活動）において**計画、実行、評価、改善**（PDCA、Plan, Do, Check, Action）を行うことです。例えば、物流活動である庫内作業であれ、配送であれ、毎日、マネジメント・サイクルを回していきます。

　物流では、今日の仕事は、今日実施して、完了しなければなりません。日次の計画・実行・評価・改善が、物流におけるマネジメントの基本です。また、物量が日次で大きく変わることも、日次で計画を立てる理由です。

　計画を作る時は、日別物量波動がありますので、日次作業計画を作ってみることが基本です。その日次作業計画を、1ヶ月間にまとめると、月次作業計画になります。月次作業計画によって、勤務計画も作れます。

　明日の状態が思い描けるようになること、即ち、予測し計画できることが望まれています。そうなれば、庫内従業員であれ、配送車両であれ、どのように投入したら、良い仕事ができるかのかが分かってきます。

　物流費は、作業計画によって、管理可能なのです。

第2節　物量予測

（1）受注量と物量予測
①物量予測は再現性
　受注量は、発注する側で決められています。商取引上、受注側で、受注量やそれに伴う納品時刻や納品箇所を勝手に変えることはできません。同様に、今日は

第4章　マネジメント・サイクル

忙しいから、今日の納品を止めて、明日にしようとすることもできません。

受注を受けてからが、仕事開始です。そうしますと、常に、受注量の多い少ないに、仕事が振り回されることになります。受注量が多い時に備え、作業を当日中に終わらせるために、人を多く抱えがちになります。その結果、仕事の仕方が、受動的になりがちです。

受注数量を**周期性**と**振幅性**からみてみましょう。周期性は、月別の波動や、曜日別の波動をいいます。振幅性は、物量の山谷を指すとしましょう。そうしますと、小売業からの発注には、ある程度の規則性があります。

典型的には、曜日波動の周期性と振幅性です。例えば、月・木、火・金、水・土パターンです。月・木は受注量が一番多く、水・土は受注量が少ないパターンです。年間で言えば、ニッパチ（2月と8月）が、売行きが低いとされています。確かに小売業各社の月別売上指数を見ますと、月別にも売上推移にパターンがあります。このように、月別・曜日別・日別に、受注量を今年と前年を同月同曜日で比較しますと、高い相関性を想定できます。

因みに、二つの物流センターで、曜日別のピース出荷累計本数の相関性を調査しました。比較する二つの年度の出荷累計本数を横軸（201X年）と縦軸（201Y年）にして、日別出荷量を45度線上にプロットします。A物流センターでは、相関係数は0．9976、45度線上の傾きは0．981となりました。B物流センターの相関係数は、0．9985、45度線上の傾きは1．1845と、相関係数も傾きもほぼ1になりました。

受注量の傾向である周期性と振幅性から、**再現性**があると判断しました。

従って、再現性があるならば、**予測可能**となります。過去の事実の発見から、将来に起こるであろうことを予測してみようとなります。今日行うであろう物量が予測できれば、それに伴って投入する作業人時を予め計画化できます。ここから、物量を予測することや、作業の計画を考えることができます。受動的な仕事から、主体的に仕事に取り組むことが可能になってきます。

②予測手法

参考までに言えば、過去の物量データから予測をする手法としては、いろいろ

67

な手法があります。過去データが連続型か、非連続型（間欠型）かによって分かれます。

連続型は、さらにトレンド型（上昇傾向、下降傾向）、周期性型、不規則型に分かれます。この分類では、物流拠点の受注量は、連続型・周期性型に相当します。

非連続型にも、周期性型と不規則型があります。非連続型・不規則型の典型としては、店舗別アイテム別の売上数量があります。

（2）物量予測の勘所

物量予測にあたり、過去データを検証します。その手順は次の通りです。

A. 過去2年間の出荷実績を、日別・荷姿（ケース、オリコン、ピース）別に記録します。

B. 日別物量の波動が、周期性と振幅性で再現性があるかどうか検証します。

店舗の発注する基本行動をみると、四つの要素があります。

1つ目は、**曜日別**に店舗の**発注・納品サイクル**を繰り返しています。

店舗の売り場では、従業員が発注をしています。発注する時に検討されることは、売場にある商品の在庫の有無です。店頭に在庫がなければ、発注をするということになります。最近、自動発注にしている小売業が増えてきています。自動発注になってからは、アイテム別在庫の有る無しを、機械的に判断しておりますので、発注アイテム数が増え、アイテム当りのピース発注が増えています。

2つ目は、**売行き**で検討されることは、①季節要因、天候、温度、②販促計画や催事の有無、③消費者の購買曜日指数（平日と土日）です。一般的には、土日の売上構成比が高く、販促計画もあり、土日に備えて発注する傾向があります。月の下旬は給与支給日と重なりますので、購買がさらに重なると考えられます。

3つ目は、**仕入支払締日**があります。これによって、店内の在庫量と発注量が左右されます。締日前は店舗の在庫は圧縮され、締日後に発注をかけてきます。

4つ目が、**本部発注**です。メーカーや卸売業の販売政策と小売業との取組によって、本部発注が起こります。本部が、店舗に仕入量まで割り当てる時と、店舗に仕入量の決定を持たせている時とがあります。最近の傾向としては、本部発注

は減ってきています。小売業の政策として、店舗主体にしてきているのでしょう。
C. 日別波動を、前年同月同曜日に重ねてみると、再現性の傾向がわかります。

（3）予測物量の誤差と対策

　物量の予測には誤差はつきまといます。作業計画段階で、誤差を織り込んでおくことが肝要です。月間合計では、予測値と実績値との差はほとんどなくても、日別物量では予測と実際との差がまま起こり得ます。

　物流の現場では、日々作業は完結していきますので、日々の誤差対策をしておかないと仕事が完了しえないことがあります。現在の予測精度ですと、１０％前後の誤差が生じ得ます。１０％多く物量が跳ねた時に、庫内作業であれ、配送であれ、どの程度の人時投入や車の台数増を必要とするか計算して、計画に織り込んでおくことです。

第3節　計画によるマネジメント

　計画によるマネジメントを、日々行います。計画・実行・評価・改善を繰り返します。

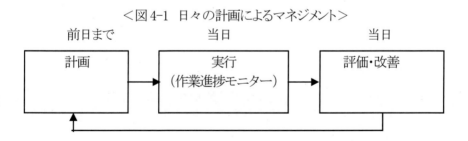

＜図4-1　日々の計画によるマネジメント＞

（1）日次計画の作成
＜庫内作業＞
　A. **日別物量**を**予測**します

B. 予測物量と作業工程別標準人時生産性より、**作業工程別総人時**を算出します。

C. **作業計画**は、日別に計画を作ります。

　　縦軸に作業工程を実施順に並べます。

　　横軸に、物量、就業人時生産性、総人時、人数、所要時間、作業開始時刻・終了時刻、及び時間帯別に人数を書きます（表4-1-1 作業計画モデル参照）。

＜表4-1-1　作業計画モデル＞

作業工程	物量(単位)	生産性	総人時	人数	所要時間	作業開始時刻	作業終了時刻	時間帯別作業者数					
								8時	9時	10時	11時	12時	13時
入荷検品	20,000(c/s)	1200	17	4	4.25	8:00	13:15	4	4	4	4	4	4
格納	20,000(c/s)	400	50	10	5.00	9:00	15:00		10	10	10	10	10
ケース出荷	15,005(c/s)	110	137	18	7.61	8:00	16:37	18	18	18	18	18	18
補充出荷	2000(c/s)	60	33	10	3.30	16:00	19:18						
ピース出荷	150,000(p)	350	429	55	7.80	8:00	16:48	22	32	32	32	32	32

注1. 物量÷生産性＝総人時

　　　　総人時＝人数×時間（人数を先に決めて、時間で調整します）

注2. 所要時間には、休憩を除きます

注3. 作業終了時刻には、休憩を含みます。

注4. 時間帯別作業者数は、14時以降を省略しています。

D. 人別に**作業割当表**を作ります。**勤務計画**を修正します。

　　「作業割当表」を作る時の原則は、全作業工程を一定人数で、連続して作業ができるようにすることです。即ち、人数×時間の面積が最小化になるように、作業工程の順序や優先度を考慮して作業割当を行います（図3-4p.60参照）。

第4章 マネジメント・サイクル

E.勤務計画を作る時に予め用意しておくことは、従業員の勤務条件と資格要件です。

・勤務条件は、出社時刻と退社時刻、残業の可能性、年収制限の有無等です。

・資格要件は、フォークリフトの免許取得、危険物取扱責任者、衛生管理者等があります。

<配送>

　A.庫内作業の物量計画から、配送量を予測します。

　B.日別配送コースを作成し、必要台数を算出します。

（2）当日、実行中モニターするべき事

　A.予測物量と実際の物量の差の確認

　　卸売業の物流センターの難しさは、朝一番に出荷する企業の実際の受注数がわからない点にあります。受注データの受信時刻は、企業毎に異なっています。例えば、朝一番に受信できる企業もあれば、午後3時に受注データを受信して翌朝納品する企業もあります。午後3時に受信する企業は、予測と大きく食い違うと、そこから作業段取りを検討しますので庫内運営や配車する難しさがあります。

　A-1.実際の物量が多い時に判断すること

　　・庫内作業：作業時間延長（残業）で行うのか、または、人員増加（出勤要請、人材派遣）で行うのかを判断します。

　　・配送：自車の稼働台数を増加するのか、または、庸車を依頼するのかを判断します。

　A-2. 実際の物量が少ない時に判断すること

　　・庫内作業：契約労働時間を守りながら、終わり終いとします。

　　・配送：自車、又は庸車を稼働させないかの判断をします。

　B.当日の作業計画を全従業員に説明し、確認の上、従業員を配置します。

　C.制約作業工程の発見と改善

　　庫内作業の流れを止めている作業工程がないかどうか、現場と作業進捗データをみて判断します。優先順位判断は、どの作業を優先させるかにあり

ます。どの作業を応援すると作業の流れは止まらないかを検討します。

（3）評価すべきこと

今日一日の結果を分析して、問題点を明らかにしていきます。そして、改善を、続けます。

A．庫内作業

1．物量予測の差異分析

2．作業工程別（ケース、ピース）総人時差異分析

3．人の稼働率差異分析

4．作業人時生産性差異分析

5．コスト分析

6．従業員別勤務日数、時間分析

7．作業品質分析

8．商品汚破損分析

B.配送

1．物量予測の差異分析

2．作業工程別総人時差異分析

　　（積込、走行、滞店、伝票整理）

3．車の稼働率差異分析

4．作業台時生産性差異分析

5．コスト分析

6．従業員別勤務日数、時間分析

7．作業品質分析

8．商品汚破損分析

9．車両管理

10．安全運転管理

第4章　マネジメント・サイクル

（4）物流マネジメント・サイクル

　物流マネジメント・サイクル（表4-1-2参照）を見るとわかりますように、作業実績は、日々刻々、収集してデータベース化します。これらの実績データからデータ解析を行い、日々の運営レベルを改善します。計画→実行→評価→改善のサイクルだけではなく、そのサイクルの中で、データ解析→課題発見→システム構築というサイクルも合わせて回していけるようにします。

<表4-1-2　PDCA>

作業 PDCA	庫内作業	配送	
		システム	機能
計画系	庫内作業計画	配送シミュレータ	・日別稼動台数と時間予測 ・配送拠点の配置計画
	勤務計画		
実行系	バッチ起動支援	配送システム ・配送スケジューラ ・配送シミュレータ	・予測台数での配車計画 ・荷揃え場と連動した配車計画
	作業マネジメント		
評価系	稼動進捗モニター	配送実績管理	・配車システムで走行と滞店時間収集
	庫内作業実績管理		
	就業管理	同左	・人別就業時間管理
	日次決算	同左	

（5）従業員の育成

　管理職は、従業員が基本動作をきちんとやり抜くための教育訓練ができなければなりません。現場を見て回りながら、個々の従業員の作業動作をみるようにします。

　間違った作業動作に気付いたならば、その場で本人に指導をします。特に、安全にかかわることは、その場で正しい動作を指導します。

73

（6）物流費と評価・指導の要点

＜表 4-1-3　物流拠点で意思決定すること＞

領域	物流費は何によって決められているか	物流拠点で意思決定できること
庫内	物量：客先の発注量（＝受注量）によって決められます。	予測物量算出を行います。
	人数（社員）：物流拠点で一定数が決められています。	本店の人事・組織で決定しますが、現場の事情変更による人事提案は必要です。
	人数（パート）：作業生産性と勤務時間帯によって人数が決められます。	作業人時生産性を決めます。就業人時の管理が要です。これによって勤務計画が決められます。
	時間：物量、作業生産性と人数によります。	上記参照
	人件費（社員）：社員は予め本店によって決められています	本店で決定済みです。昇給・昇格、配転等は別途検討事項です。
	人件費（パート）：拠点立地の時給相場と、法で定められた最低時給	自社パート雇用を基本として、育成するようにします。勤労意欲、作業品質、生産性等いずれも派遣要員よりは、高いレベルにあります。
	人件費（人材派遣）：契約に依ります。	
配送	物量：同上	同上
	台数：自車か庸車かは経済計算や品質等を加味して決められます。	必要車種と必要台数を決めます。
	人数（社員）：同上	同上
	人数（パート）：同上	同上
	時間：同上	同上
	人件費（社員）：同上	同上
	庸車料：契約に依ります。	契約の仕方と運営に依ります。

第4章　マネジメント・サイクル

第4節　物流の運営原則

（1）マネジメントの原則
①目的適合の原則

　　経営活動には、必ず目的があります。

　　物流センターを建設するには、投資目的、設備目的、運営目的がありま
す。その目的に照らして、適切に運営を行います。

　　経営環境の変化に従って、目的の妥当性を検証し、創造・破壊・構築・
継続を行います。

②計画の原則

　　企業は、実現したい事業や仕事があるから、人や組織を作って仕事を行
うのです。人がいるから仕事を当てはめるのではありません。

　　マネジメント・サイクル（PDCA）に従って、仕事の元である作業量を予
測して、必要な人時を算出し、作業計画を作成します。

　　物流作業は、日次マネジメント・サイクルが基本です。

③時間制約の原則

　　顧客との間は、受注時刻と納品時刻によって、運営します。

（2）育成の原則

　　物流センターの組織運営の良し悪しも、安全も、品質も、生産性も、拠
点の物流センター長（リーダー）によって決まります。

　　物流センター長（リーダー）は、決断力と実行力、そして、責任を取れ
るかどうかで決まります。

　　物流センター長（リーダー）は、実務に通暁し、その任を遂行しなけれ
ばなりません。

　　従業員の育成にあたり、模範をやってみせられ、作業のコツを説明でき、

指導できることです。作業者の熟練には、教育と訓練が必要です。
また、一定期間の勤務経験がいります。

（3）安全と品質の原則

安全と品質とコストの基本は、整理・整頓・清掃（3S）をベースにした作業の標準化にあります。

安全・品質・コストを正しく実現するには、あるべき作業工程に基づき、あるべき正しい作業動作を規定して、作業を行うことです。

（4）作業生産性向上の原則

①1単位（1回）当たりの物量を大きくする原則

A. **車両大型化：**

輸送容器の能力が大きければ、多く運べますので、1単位（1回）当たりの原価は下げられます。

B. **庫内作業単位の大型化：**

庫内作業の作業単位当たりの物量が大きくなれば、アイテム毎のピッキング回数が減り、1ピッキング当りの量が大きくなるので作業効率は上がります。

②1単位（1回）当たりの作業時間を短くする原則

C. **移動距離短縮化：**

作業は、どこからどこへ（From-To）と移動しますので、移動距離は短い方が時間短縮になります。物量分析によって、ピッキング間口は、多く出荷される商品を荷揃え近くに配置します。

荷揃え場は作業単位毎にまとめると移動距離は短くなります。

D. **作業動作短縮化：**

作業工程毎の作業動作は、標準化をしてマニュアル化します。

E. **一貫性：**

ユニットロード（パレット、カゴ車等）により作業の効率化を図りま

第4章　マネジメント・サイクル

す。商品毎の接触回数を減らすことが、コツです。

例えて言いますと、商品に指紋をつけない工夫をすることです。

F. **連続性**：

作業工程間を連続化して、待機時間をゼロ化することです。

G. **平準化**：

毎時間毎に、作業物量を一定化して、投入人時数を一定化すること
です。その為には、制約工程の発見とその解決が必要です。

（5）費用の原則

①固定費削減の原則

目的に照らして、機能を設計し、構造化する時に、基本機能に徹するこ
とです。

単位期間（例えば月間）に定額発生する費用は、本当に必要な費用なの
かを検討し、固定費の最小化を図ります。

②固定費活用の原則

固定費は、いかに活用するかを考えます。

倉庫や設備ならば、24時間365日稼働できないかを検討します。

③変動費化の原則

物量に比例して費用が発生する仕組みにしていきます。そのために作業
を標準化します。

日別物量予測、作業工程別標準作業人時生産性、作業人時算出、作業計
画作成、勤務計画作成を行います。

第5章
物流品質

第5章　物流品質

（1）物流品質保証

　顧客が、自社の商品やサービスに対して、信頼を寄せていただくことは、企業にとって栄誉なことです。その為には、顧客の手元に届ける商品やサービスに、不良、ミス、エラーを潜めさせないことです。

　人はミスをするものです。日頃の活動の中で、ミスを発生させない工夫や、発生してもすぐにリカバリーできる工夫、即ち、品質保証システムがいります。

　品質保証システムは、物流であれば、作業工程でこそ構築されなければなりません。一つの作業工程の成果（アウトプット）が、次の作業工程の入力（インプット）という具合に、作業工程が連鎖しています。したがって、作業工程毎に正しい作業が行われるように仕組む必要があります。

　作業工程のすべてに亘って、品質達成基準を決めて、それが測定可能にすることです。内部統制（監査）の基準にもなります。

（2）物流品質における人の特性

　人は、ある時には、コンピュータなど到底及びもつかない神業ともいえる高度な作業ができます。一方では、熟練者なのに思わぬポカミスをやることがあります。

　『徒然草』の第百九段に「高名の木登り」があります。弟子に高い木の梢を切らせた時に、危ないように見える時には何も言わなかったのですが、降りてきて、軒の高さになった時に、「過ちすな、心して降りよ」と言葉をかけています。「目くるめき、枝危きほどは、己が恐れ侍れば、申さず。過ちは、安き所に成りて、必ず仕る事に候ふ」といっています。

　通常の作業でも、ミスをしない人はいません。作業動作によってさまざまな要因があります。破損を例にとりますと、人が、商品を落とす（落下）、打ち付ける（衝突）、滑らす（滑走）、揺する（振動）、濡らす、潰す、破る（破損、破壊）、

第5章　物流品質

倒す（転倒）、擦る（摩擦）、割る等々があります。これらのことをどのように前向きにとらえて、どのようにして再発防止をするのかであります。

人は、機械のような単純な特性とは違って、複雑で、多様な特性をもっています。特性そのものが、相互に関連し合います。一人ひとりの**基礎的な特性（視覚・聴覚・味覚・嗅覚・触覚）**には大きな差異はありません。**動的特性**には広い変動幅があります。動的特性としては、時間周期、距離、情報処理があります。

時間周期は、生体の周期を指します。筋電位（350ヘルツ）、脳波（0.5〜25ヘルツ）、心拍数（約70/分）、呼吸（約20/分）、食事・排尿（時針）、覚醒・睡眠（1日）、作業・休憩のリズム（1日、1週間）、月経周期（4週間）等があります。安全との係りが課題になります。

距離は、人の作業空間の重要性から注目されています。見やすい表示機器、取りやすい手や足の到達範囲、操作しやすいスイッチやレバーのデザイン等が研究され、その成果が応用されています。

情報処理は、人の頭脳中枢で行う情報処理のことです。入力情報としては視覚が中心ですが、感覚器からの情報量は多くて、多様です。それに対応した中枢処理系が、準備されていません。また、中枢処理された結果に基づく判断や決心には、個人的な資質が影響を及ぼしています。意識水準の低下をきたす眠気や疲労によって、情報処理系の精度は大きく影響されますし、意識水準によって情報処理系の精度は維持されています。

事故の多くの要因が、人の特性に起因しております。人の特性を理解した上で、設備設計や運営を行うことです。「人の特性」の項は、『「信じられないミス」はなぜ起きる』黒田勲著中央労働災害防止協会発刊を参考にしています。

（3）物流品質目標

品質の目標値は、「シックスシグマ（6σ）」にするという高レベルの目標を目指しています。シックスシグマは、ミスやエラーの発生確率を百万分の3.4回にすることです。シグマ（σ）は、標準偏差と呼ばれ、分布のバラつき度合、エラーやミスの発生確率を示す統計用語です。5σであれば、エラーの確率は、百万分の233回（1万分の2.33回）となります。通常の品質レベルは、1万

81

分の1から10万分の1までに位置します。

（4）物流センターが行う物流品質範囲

　仕事の基本は、「約束」を守ることです。発注先の約束や荷主の約束を守ることが基本です。それが、顧客満足の基本であり、顧客との間で約束した要求事項の履行になります。物流作業の品質管理上、何をすべきかは、次の通りです。

① 　受注した商品アイテムと数量の納品保証

② 　納品先の保証

③ 　納品時刻の保証

④ 　商品品質の保証

⑤ 　納品計上の保証　があります。

　この5つの物流品質管理項目と管理が不十分な時に発生する作業をあげますと、表5-1-1の通りです。

<表5-1-1　物流品質管理項目とミスの例>

物流品質管理項目	ミスの例	ミスが発生する作業
①受注した商品アイテムと数量の納品保証	品目違い、数量過不足	ピッキング
②納品先の保証	誤配（納品先違い、店違い） 誤納（品目違い、数量過不足違い） 仕分ミス 荷揃えミス 補充ミス オリコン投入ミス	配送・納品 積込、積卸し 仕分 荷揃え 間口補充 オリコン投入
③納品時刻の保証	遅納、早納	納品
④商品品質の保証	商品の汚損・破損	全作業工程
⑤納品計上の保証	納品計上漏れ	出荷確定データ送信ミス

（5）物流品質管理技術

①作業工程の品質管理

　物流品質管理は、物流作業の品質管理を行うことです。物流作業は、顧客の要

第5章　物流品質

求事項に基づいて、設計されています。例えば、

・発注された品目や数量をどのように受信し、在庫引当を行い、出荷指示をするのかという時は、受注システム、在庫管理システム、出荷システムという情報システムの開発になります。

・出荷指示に基づいて、ピッキングを行う時は、ピッキングの設備設計、運営（作業）設計の開発になります。

・ピッキングした商品を、納品先別（店舗別）に仕分をし、方面別に荷揃えしていくには、仕分や荷揃えの設備設計、運営設計になります。

・荷揃えされた商品を、車両に積み込んで納品する時は、配送コース作りと車両手配になります。

　このように、顧客の要求事項を満足させるためには、納品条件は何かを明らかにし、それを満たすための機能設計をして、情報システムや設備、そして作業工程を設計することになります。作業工程を設計する時は、作業を行うにあたり、どの作業指示データに基づき、どのような作業を行うのか、作業結果をどのように検証するのかが検討されます。

　作業工程と作業指示データと作業行為の関係を一覧表にしておきます。

＜表5-1-2　作業工程と作業指示データ＞

作業工程	作業指示データ	作業行為	品質管理
入荷・検品、格納	入荷予定データ 格納データ	何をいくつ 何をどこからどこへ	入荷品質
保管	棚卸データ	何がいくつ	棚卸品質
ケース・ピッキング、 ピース・ピッキング	ケース・ピッキング指示データ ピース・ピッキング指示データ	何をいくつ 何をいくつ	ピッキング仕分 品質
格納	格納先データ	何をどこからどこへ	
荷揃え	荷揃えデータ	何をいくつ	荷揃え品質
積込	積込データ	何をいくつ	積込品質
配送	配送データ	どこへいつ 何をいくつ	納品品質
店舗納品	納品データ	何をいくつ	

②品質管理工程図の作成

　物流作業の工程における品質管理が、上述のように行われます。

　作業工程のどこでどのようなチェックを行うのかを、「**品質管理工程図**」の作業フローの工程毎に、どのような品質管理を行うのかを書き込みます。

③**物流作業の品質管理原則**

原則1．**作業指示データに基づき作業を実施**します。

　　　　作業指示のない作業は、しないことです。

原則2．**作業指示データと作業内容結果との検証**を行います。

　　　　　　・何を、いくつ・・・商品アイテムと数量の検品

　　　　　　・どこからどこへ（From To）・・・移動先の検証

　　　　　　・受渡の認証・・・

　　　　　　　商品の受渡は、渡す側と受け取る側双方で受渡をする商品と数量を認証します。例としては、入荷時、積込時、店舗納品時。

原則3．**差異追求の実施**をします。

原則4．**文書化した手順を確立**します。

　　　　作業マニュアル（品質管理工程図を含む）の作成と、それに伴った作業をすることを徹底します。

④品質管理技術

　以上の物流品質範囲や物流品質管理技術を庫内作業の各工程に当てはめた時の一覧表を掲載しておきます。

第 5 章　物流品質

＜表5-1-3　物流品質管理技術表＞

作業	作業内容	対象	物流品質管理技術
ピッキング	ケース・ピッキング	商品アイテム	商品アイテムの照合：棚番号と商品コードの検証
			数量検品：作業単位毎による移動先チェックと棚卸
		間口	全棚ロケーション管理による移動先チェック
	ピース・ピッキング	商品アイテム	商品アイテムの照合：棚番号と商品コードの検証
			数量検品： ・ピッキング指示数に対するピッキング作業数の検品 ・ピース・ピッキング間口の棚卸 ・バッチ単位毎の棚卸（欠山チェック）
		間口	全棚ロケーション管理による移動先チェック
荷揃			荷揃え間口の設定
納品			納品データと店舗先の照合

⑤物流品質向上の設備化事例

A. カート種蒔きシステムの品質保証

　カート種蒔きシステムは、カート摘み取りカートと合わせて、現在、各業界の物流センターで広く活用されています。推定 3000 台普及しております。カート種蒔きシステムは、取引先や自社内倉庫からアイテム別総量納品された商品を、計量検品カートの4つの間口に、4 アイテムを積み込みます。仕分先間口に移動して、間口になっているオリコンに商品を投入し、仕分を行う仕組みです。仕分精度は、運営次第ではシックスシグマを達成できます。

・ピッキング個数ミスのゼロ化：ピッキングするアイテム毎にカートの秤で個別減算方式によって、アイテム別に数量カウントします。

・品種の保証：商品の JAN 若しくは ITF バーコードをスキャンして確認します。

・オリコン投入ミスのゼロ化：オリコンの位置を知らせる間口自動認識装置（光通信）と、オリコン誤投入防止シャッターによって防止します。

・ピッキング商品とオリコンの紐付：無線によって投入オリコンと商品をリアルタイムに紐付し、オリコン内容証明書を発行します。

B. デジタルピッキング計量検品システム

　デジタルピッキング設備（ピース・ピッキング／摘み取り方式）に、計量検品設備を装備して、ピッキングの精度を上げる仕組みです。従来のデジタルピッキングだけの精度1万分5に対して、10万分の1に向上しました。

・品種の保証：商品のJAN若しくはITFバーコードをスキャンします。

・数量の保証：秤によるアイテム別単品の重量で、個数ミスのゼロ化を図ります。

・投入するオリコンの保証：誤投入防止シャッターで、投入先オリコンを特定できます。

<表5-1-4　デジタルピッキングのミス要因と対策>

ピッキングミスの要因	発生構成比	ピッキング時の対策
①ピッキング本数間違い	80%前後	ピッキング時に本数チェックを秤で行います
②ピッキング品種間違い	0～6%	ピッキング時に品種チェックを、固定スキャナーでJANコードをスキャンして行います。
③投入オリコン間違い	0～3%	投入すべきオリコンを区別できるようにします。

　以上の2点の事例では、高い品質にするために技術開発をしました。大事なことは、作業者が自らミスに気付けるようにしていることです。ミスに気付かされるように設計されていますので、気付いたその場で、本人がすぐに修正できることです。

⑤　品質管理技術一般

　品質管理技術は、日科技連をはじめ各団体が、発表しています。旧JIS規格には、"品質管理とは、買手の要求に合った品質の製品を経済的につくり出すための手段の体系"とあります。ISO8402：1994には、品質方針、目標及び責任を定め、それらを品質システムの中で、品質計画、品質管理手法、品質保証及び品質改善などによって実施する全般的な経営機能のすべての活動とあります。

　品質管理でよく使われるデータのまとめ方として、パレート図、特性要因図、

第5章　物流品質

散布図、チェックシート、グラフ、ヒストグラム（度数分布図）等については、市中の書籍を参照ください。

（6）棚卸差異

　棚卸差異は、物流品質管理の尺度として適正な指標です。すべての工程が、あるべき作業の通りに行われているかどうかが、わかるからです。

　棚卸は、現物の在庫が、どの棚に、どの商品が、いくつ保管されているのか、商品を「数えて」計上します（実地棚卸、実在庫）。

　次に、帳簿在庫を紐解きます。帳簿在庫は、日々の物流作業が正しく行われて、正しく記帳されているかをみます。

　棚卸では、現物在庫（実在庫）に基づき、帳簿在庫と差異がないかどうか検証することになります。棚卸差異の過不足を相殺した相対差異と、棚卸差異の過不足を絶対値で加算した絶対差異とがあります。棚卸差異の目標値は、少なくとも０．０５％以下にします。

<図5-1　棚卸関連図>

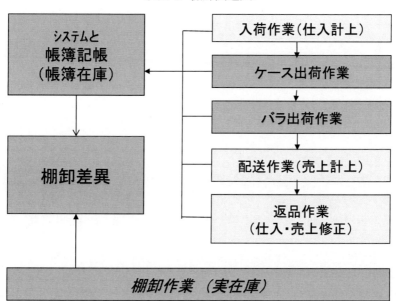

（7）棚卸と内部統制

棚卸に至る過程は、日々の作業の積み重ねの結果です。何か問題がある時は、作成されている作業プロセスの文書をもとに、現場で作業を追いかけてみることです。

作業プロセスの文書が、実は、**内部統制**の構築時に作成されていることを確認しておくと、会社の内部統制に基づいていることにもなります。内部統制の文書の３点セットですが、業務記述書、業務フロー（フローチャート）と、ＲＣＭ（リスク・コントロール・マトリックス）をいいます。

業務記述書は、業務の流れに沿って、誰がどこでどのような作業をしているのか記載しています。内容としては、①概要として、業務プロセスの説明、②人員構成は、部門の組織図で代用します。③規程やマニュアル、④フォーム（申請書、伝票、帳票類）、⑤コンピュータ・システムは、アプリケーション・リストを参照します。⑥職務分掌、⑦プロセスの記述として、取引の開始から総勘定元帳への記帳及びその後報告に至るまでの決算報告プロセスを記帳します。

業務フローは、業務の流れとコントロール（内部統制行為）のポイントを図式化したものです。ここでいうコントロールは、会計に係る不正や誤りにつながるリスクを防ぐための仕事をいい、フローの中に示しておきます。コントロールの記述例を挙げますと、「システムへ入力した出荷確認入力の内容は、納品書控えと出荷指図書を照合することによって確認される」となります。

ＲＣＭ（リスク・コントロール・マトリックス）は、リスクとコントロール（内部統制行為）を勘定科目と関連させ、かつ、アサーション（実在性、網羅性、記録の正確性、期間帰属、評価の妥当性、表示の妥当性）との関連付けをします。内部統制評価の時に使う最も重要な表です。また、庫内作業の確認にも使用できます。

（8）信頼による管理

品質の考え方や、その基にある人間観がよく出ているテキストに西堀榮三郎氏[※1]が書かれた『創造力－自然と技術の視点から－』（講談社刊 1990 年）があります。この項の「信頼による管理」は、『創造力』から一部（129 頁〜133 頁）を引用しています。

「丹後の娘さんたちの仕事ぶり[※2]は、私に日本古来のやり方というものに目を開かせてくれるきっかけになった。確かに多様な民族を抱え、宗教も教育も異なっている社会では、テーラーシステム[※3]でやらざるを得ない事情があったかもし

れないけれど、日本のように多数の同一民族が住み、しかも自分で考えることができるだけの教育が既に施されている国にとって、果たしてテーラーシステムがふさわしいやり方といえるだろうか。日本には日本の風土にあったやり方があるはずだと、私はずっと頭のなかで思い続けていた。

　考えてみると、テーラーシステムがアメリカで生まれたのには多民族国家と時代の要請があったからであり、それなりの必然性があったといえるのではないだろうか。第一次世界大戦[※34]のあとの不景気のなか[※35]で、多くの未熟練労働者を抱えていたアメリカが選んだ経済復興の道が、無駄のない管理システムであり、効率の良い生産性システムであったのは当然のことといえるだろう。そのような背景のもとに広まったテーラーシステムが、アメリカの経済を発展させる基礎を作った一方で大きな歪みを作っていたことを見逃してはならないと思ったのである。

　というのも、アメリカには南北戦争[※36]で廃止されたとはいえ、人種差別が依然として根強く残っており、テーラーシステムのいちばん大きく影響を受けたのが未熟練労働者としてのカラードであり、また、テーラーシステムそのもののもつ人間性を無視した、つまり、人間から「考える」という人間本来のもつ機能を奪ったシステムが作り出した人間疎外感、あるいは労働意欲の低下、それがひいてはでき上がった製品にまで影響を及ぼしていたことを、私は過去の経験から感じていたからであった。

　テーラーシステムの下では、物を作る人は物を作る人、検査をする人は検査をする人というように、仕事がはっきりと分かれ、しかもだいたいにおいて、物を作る作業員はカラード、監督者や検査をする人は白人と、人種による職種の区分がなされており、能力を伸ばしたからといって作業員が検査員に昇格できることはほとんど望めない。作業員はいつまでたっても作業員であり、検査員は検査員なのである」（129頁6行～130頁14行）

　「テーラーシステムは「科学的管理システム」として世界的に広まり、戦後日本でも取り入れられて全国的に広まっていった。そしてそれが最高のシステムであるかのように考えられていた時期がある。しかし私は、これではいけない、もっと作業員を信頼し作業員に任せた管理を考えなければならない、と考えていた。作業員の良心に訴え、初めから良いものを作る努力をさせなければならないと思っていたのである。

　そのためには作業員に測定器を与え、自分で作ったものを自分で検査させることだと考え、私は幾つかの会社でこの方法を試みた。そして実際、良い結果も得

ていた。それまで作業員は「検査係はせっかくおれの作ったものに文句ばかりいう」と不信感の塊であったのが、自分で検査することになって、自分の作ったものに責任をもつようになった。また、検査を任されているということで、「自分は信頼されているんだ」という誇りが生まれ、その誇りからますます製造に力を入れることになって、さらに信頼を生むことになったのである。

しかしながら、作業員がどんなものでも自分で検査できるとは限らない。複雑な検査をしなければならないこともあるし、たとえば、寿命試験とか動作試験とかのように、作った人の手に負えない場合もある。そのときは、作った人に代わって、誰かに検査をやってもらわなくてならない。代行検査である。このとき大事なことは、「本来は自分がやるべきことを、他の人にやってもらっているんだ」と考えることで、そうすることによって無責任に作ることもなくなり、検査してくれる人への感謝の念がわいてくるのである。「すみませんが、頼みます」という気持ちが相互理解を生み、良いチームワークの基をつくるのである。

このように考えて、私は「信頼による管理」を提唱してきた。人が人を使うという思想はまちがっている、人を信頼して、「みんなでやりましょう」ということを強く主張したのである」（131頁14行～133頁1行）

注1. 1903‐1989、化学者。京都府生まれ。京大卒。京大教授。品質管理の普及・指導に尽力。1956年第1次南極越冬隊長を務める。

注2. ちりめん手織りをしていた娘達が、1927年丹後地震（死者3千人）に被災後、石生の織物工場で自動織機を1週間で体得して、生産は速くしかも品質の良い品物を織るようになった話。

注3. F. W. Taylor 1856-1915、F. B. Gilbreth1864-1924

注4. 1914年～1918年

注5. 大恐慌1929年～1933年のこと。1900年代の初頭に米国では小売業の本格的な経営革新が起きており、卸売業の崩壊と再生が始まった。例えば、1930年からスーパーマーケット業態が登場している。彼らの相次ぐ納価の引き下げ要求から、卸売業は疲弊していった。次の矛先は、直接メーカーに要求を向けることになった。1936年ロビンソンパットマン法、いわゆる差別対価禁止法の制定を迎えることになる。

注6. 1861年～1865年。A. リンカーンは、奴隷制不拡大・連邦保持を主張し、1861年第16代大統領に就任した。南北戦争で北軍を指導し、勝利したが、戦勝直後に暗殺された。1863年に奴隷解放宣言を発布し、奴隷解放を実現した。黒人差別問題は残された。ゲティスバーグで行った演説（1863年11月）の中の言葉「人民の人民による人民のための政治」は、民主主義政治の原則を示した。

第6章

物流投資

第6章　物流投資

第1節　設備投資

（1）物流センターを設計

①物流品質と安全・安定稼動

　物流センターの設備投資は、物流品質と安全の向上を図り、生産性を上げる為に行います。

　物流品質は客先との関係です。物流品質は、客先からの発注データに基づき、正しい商品を、正しい数量、正しい場所に届けることをやり続けることです。

　安全は従業員との関係です。工場ではどの企業のどの工場に行っても「安全第一」の標語や掲示があります。生産現場の危険性を物語っているともいえます。物流センターでは「安全第一」の標語に、なかなかお目にかかれませんし、安全第一が根付いるとは言い難い状態です。物流現場にも、人を傷つける箇所や設備があります。例えば、コンベアの駆動部に巻き込まれる、フォークと従業員とが通路上で交錯する、フォーク運転時に身に付けておく免許、安全靴、安全ベルト、ヘルメットの不携帯、段ボールの開梱に使うカッターによる傷等、ヒヤリハッとに繋がる箇所が多くあります。危険予知（KY）の可能性のある箇所を洗い出して、安全第一を現場に根付かせていくことです。

　安定稼動は、メーカー、卸売業、小売業ともに、欠くべからざることです。例えば、卸売業の物流センターでは、今日受注した商品は今日届けないといけないという点では、企業の生命線になっています。出荷できなかったことが原因で帳合がなくなることさえあります。設備やシステムが、2～3時間止まるだけで、庫内作業が止まり、配送ができなくなります。それだけに安定稼動は必須事項です。

　品質設計と安全・安定稼動を満たしたうえで、生産性の設計があります。生産

第6章　物流投資

性は、コストからみて、理に適っているかどうか、物流センターの役割を最小の
設備と最小の運営費で果たしているかにあります。

②物流センターの機能フローの例

　卸売業の物流センターの役割は、小売業から発注された商品を約束した納品日
と納品場所に届けることです。その為には、メーカーから商品を仕入れ、保管（在
庫）しております。そして、受注した商品を店別にピッキング・仕分し、荷揃え
をして、納品します。これらのことを機能フローとして書くことが、設備設計す
る時の基本になります。それをどのような方法で行うのか、例えば、人手で行う
のか、設備化するのかを検討します。

＜機能フローの例＞

A. 入荷系

　メーカー→入荷・検品・格納→保管（保管荷姿：パレット、ケース、ピース）

B. 出荷系

　保管→パレット出庫→店別仕分・荷揃え→配送車積み込み

　保管→ケース・ピッキング→店別仕分・荷揃え→配送車積み込み

　保管→ケース保管エリアからピース保管エリアに補充

　保管→ピース・ピッキング→店別仕分・荷揃え→配送車積み込み

③安定稼動の技術

　安定稼動するためには、設計段階・運用段階・トラブル発生時にそれぞれ対処
を計画しておくことです。設備やシステム設計する時にどのようにするかがあり
ます。また、トラブルが起きた時には、どのように対処するかです。

A. トラブル対策設計

・設備機器等は、基本設計から試運転に至るまで、トラブル対策をしておきます。
自社及びメーカー側と関係者が多岐に亘りますので、仕様書の作成と確認が要に
なります。特に、仕様書の読み合わせは、関係者間で是非とも行います（表6‐1
‐1「設備トラブル原因と事前対応」を参照）。

93

<表6-1-1　設備トラブル原因と事前対応・事後対応>

トラブル 原因		基本設計 ミス	設計 ミス	製作 ミス	施工 ミス	試運転 漏れ
責任箇所		自社	自社 （機能設計）	－	－	自社
		－	メーカー （製作設計）	メーカー	メーカー	メーカー
事前対応		自社仕様 書の確立	メーカー仕様 書の確立	・メーカー選定 ・メーカー責任体制の明確 　化 ・工場内テストの実施		・試運転チェック 　クリスト ・テスト方法の 　確立
事後対応	機械	・レイアウ 　ト変更 ・増設	・機種変更 ・速度変更 ・ライン改造	・部品交換	・再施工	－
	制御	・大幅なシ 　ステム 　変更	・小幅なシステ 　ム変更	・バグ（プログラムの誤り箇所）つぶし ・部品交換		
	CPU	トラブルの長期化、生産性未達、品質低下				

・情報システムは、ハードウエアの二重化や、バックアップ機器として
　コールドスタンバイ（cold standby）で、故障等に備えて予備のコンピュ
　ータを用意しておく方法か、もしくは
　ホットスタンバイ（hot standby）で、予備のコンピュータを稼働させて
　おく方法を、用意しておきます。
・物流機器は、機器の寿命（使用時間）を勘案して、経年劣化対策をして、機器
の更新を怠らないことです。トラブルが想定される設備の予備部品を物流センタ
ー内に常備しておくことです。
・物流センターの保守要員の維持と教育を常日頃行うことです。

第6章　物流投資

B. 日常点検

日頃のメインテナンスが要です。日頃の保守は、稼動中や稼働後の点検を怠らないことです。例えば、コンベアの搬送時の異音が発生していないかどうかは、稼動中でなければわかりませんので、保守要員が現場をみて回ることを薦めます。

発生したトラブルの収集とデータベース化をしておきますと、事前対策が取れるようになります。

C. トラブル時の対処

トラブル時の対処として、一番に行うことは、客先への連絡があります。次に、復旧時間と代替復旧方法の検討です。いつ頃復旧するのか、代替方法で取りあえず作業を行うのか、客先との約束事項（納品時刻等）を勘案して、決めることになります。

客先に関わることでしたら、発生時に素早く、相手への謝罪、原因調査、原因究明、対策案と対策実施予定を用意して、客先に訪問します。

トラブル時によくあることですが、複数の原因が考えられる時に、他者（又は他社）に原因を求め勝ちです。しかし、今日のようにシステムが複雑に絡まっている時は、まず「隗より始めよ」です。各々が、自ら原因を当ることです。

次に大事なことは、関係者が全員集まって、検討することです。

（2）自動化設備

労働集約型産業である物流センターは、従業員の確保があって成り立ちます。それだけに、少子・高齢化による労働人口の減少を問題にしない方はいません。物流機器メーカーは、物流現場の省力化や自動化を実現する為に、自動化設備を提案しています。本節の自動化設備は、ケース出荷やピース出荷の自動化を対象としています。

最近、発表された自動化の物流機器としては、米アマゾン・ドット・コム社の庫内作業ロボット（米 Kiva Systems 社開発）があります。これは、今から述べる自動化とは違い、保管棚が自走する方式です。保管棚が、作業員のいるところまでやってきて、作業員が商品をピッキングや格納・補充するという方式です。

ピース・ピッキング作業や棚への補充そのものは、今まで通りに作業員が行いますが、従来、作業歩行距離が一人一日 24km あったものをほぼゼロ化するという発想です。歩行距離の作業への影響は、表3−3−4 ピース・ピッキングをCMSで行うモデルフロー（p.54）を参照するとよいでしょう。日本では、同じような設備を日立製作所が発表しています。

（3）ケースの自動化設備

①物流自動化の前提

　卸売業や小売業のケース自動化設備は、メーカーの工場からの入荷品を自動倉庫にパレット単位に格納します。自動倉庫からパレットを自動的に搬出し、ケース・ピッキングを自動的に行い、ケースソーターで店別に仕分けるということになります（図6-1 自動化設備のフロー参照 p.99）。

　設計者が知っておかなければならないことは、自動化には前提があることです。

　前提の一つ目に、**パレットサイズの標準化**です。

　日用品業界では、Ｔ１１（1100mm×1100mm）が、標準（JIS/Z0601）です。しかしながら、国内の食品等や海外から輸入した時に、その商品のパレットサイズは、1400mm×1100 mm、1200 mm×800 mm や1200 mm×1000 mm 等々があります。これらのパレットは、日用品業界に設置されているT11 仕様の自動倉庫やパレットラックとはサイズが合いませんので、格納できません。国際間の一環パレティゼーションには、Ｔ１１を前提にして用意されてきた設備は向きません。

　二つ目が、**パレット積み付けパターン（面数×段数）**のアイテム別登録です。

　商品毎にパレットの積み付けパターンをマスター登録しておきませんと、パレットに乗せているケース数がわかりません。自動倉庫に格納できても、いくつケースを在庫しているかはわかりませんし、出庫数を指示できません。

　三つ目は、**ケースのサイズを標準化**することです。

　ケースの容積（縦×横×高さ）や重量の最大値と最小値を予め決めておかなければなりません。ケースを搬送するコンベアのローラーピッチの標準は75mmです。その為、コンベアで搬送するには、ローラー3 本以上で支える必要から、サイズは、少なくとも 150mm以上必要です。ケースの重量についても制約があ

り、ケースがあまりに軽すぎると搬送が困難です。

四つ目が、**ケースのバーコード化**あるいはＲＦＩＤ化（radio frequency identification　非接触型自動認識技術）です。

商品の個体認識し、識別するには欠かせないコードです。バーコードとしては、商品個体に印刷されている JAN（Japanese article number）コード、

商品の段ボールに印刷されている ITF（interleaved 2 of 5 code）コード、

国際標準商品コード（GTIN：global trade item number、GTIN-13、GTIN‐14、GS１）があります。

二次元バーコードのように、白と黒の点と線を縦横に組み合わせて表示するコードがあります。バーコードに比べて、多くの情報を盛り込むことができます。

更には、日常経験していることでは、スイカ（suica）に代表されますが、RFID（radio frequency identification）があります。これは、IC（integrated circuit、集積回路）と小型アンテナが組み込まれたタグやカード状の媒体から、電波を介して情報を読み取る非接触型の自動認識技術です。

②自動化設備の制約

第一の制約としては、**商品**によっては、自動化に向かない、あるいはできない商品もあります。

商品には、いろいろな荷姿や形状があることを知っておくことです。メーカーとは違い、卸売業の倉庫には、２万から３万アイテムの商品を常時保管しています。その中には、自動化に向かない荷姿の商品もあります。これらの商品は、人手による作業にならざるを得ません。自動化に取り組むならば、商品の荷姿が標準化された商品を選ぶのか、あるいは商品荷姿の標準化をメーカーの商品開発部門と取り組むことになります。商品荷姿（パレット積み付け、ケース、ピース）を始め、包装形態と材質、容積、重量等を商品開発段階から取り組むことになります。商品開発の立場では、商品形状は、消費者の嗜好性から多様化しやすいことを承知しておいた方がよいでしょう。

ボトル型バラの自動化ピッキング設備を稼働している最中に、ボトル型の商品であるシャンプーや食器用洗剤等について、省資源化問題から詰め替え用のパウ

チ品が登場しました。ボトル型バラ向けの自動化ピッキング設備の稼働率が下がりました。パウチ品のように掴みどころがない商品は、当時の自動化設備では対応できませんでしたので、自動化設備を取りやめました。

第二に、**設備能力の制約**問題です。

設備化しますと、1つ目の制約は、1時間に処理できる量が決まります。例えば、1時間に5000ケース仕分ける設備能力（時速）があるとしますと、その設備では、一日8時間稼動で4万ケース（5千ケース/時×8時間）仕分けることができます。この設備で1日最大12万ケース処理しなければならない日あったとしますと、24時間稼働（12万ケース÷5千ケース／時）になります。取引先への納品時刻等と検討して、果たして24時間稼働で良いのかどうか運営サイドとも検討してみることになります。このように、予め物量を想定して、設備の最大能力を設計し、設備投資を考えることになります。

2つ目の設備化の制約は、倉庫のレイアウトが固定されますので、倉庫賃料に跳ね返ってきます。コンベアやケースソーター、ピースソーター等に代表されますが、倉庫面積の20%～30%を占めることになります。

③ケースの設備3タイプ

ケースの設備は、類型化しますと、自動化設備（ピック・ツー・オートマティック）、半自動化設備（ピック・ツー・コンベア）、非自動化設備（ピック・ツー・パレット）の3タイプがあります（図6-1、図6-2、図6-3参照）。

自動化設備であれ、半自動化設備であれ、仕分はケースソーターを使用しますが、仕分する分類数は、ケースソーターのシュート本数で決まります。その為にシュート本数が分類数になる制約があります。

一方、非自動化設備で開発しましたのは、直接荷揃え方式です。これは、仕分分類数の制約を解消することにありました。ケースソーターとは違い、ケースを最小分類単位、例えば、店別・部門別（売場別）に直接荷揃えする方式です。

第6章 物流投資

<図6-1 自動化設備のフローの例>
自動化設備では、商品の入荷からパレット積付までは、コンベアで搬送されます。

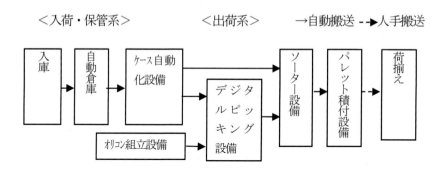

<図6-2 半自動化設備のフローの例>
半自動化設備では、パレットラックから商品を摘み取りし、ソーターで仕分けるまでは、コンベアで搬送されます。それ以外は人手やフォークで搬送します。

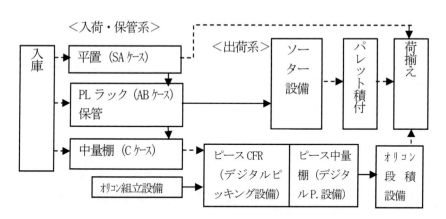

注1．SAケース,ABケース,Cケースは、いずれも出荷量ABC分析によります。
　　　出荷量の多い順は、SA>AB>Cになります。
注2．ピースCFRは、ピース用のCase Flow Rackの略です。
注3．デジタルPは、デジタルピッキングの略です。

99

<図6-3 非自動化設備のフローの例>

非自動化設備の搬送は、人手若しくはフォークで行います。ケース・ピッキングは、摘み取り若しくは種蒔きピッキングを行います。ピース・ピッキングは、ケースをアイテム別に総量摘取ピッキングをして、ピースを店別に種蒔きする方式を採用した事例です。

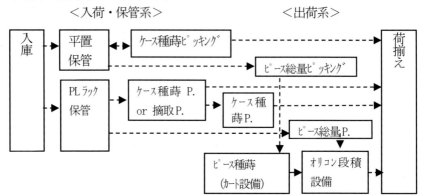

注1. ｹｰｽ種蒔 P. は、ｹｰｽ種蒔ﾋﾟｯｷﾝｸﾞ の略です。摘取 P. は、摘取ﾋﾟｯｷﾝｸﾞ の略です。ﾋﾟｰｽ総量 P. は、ﾋﾟｰｽ総量ﾋﾟｯｷﾝｸﾞ の略です。

（4）ケース・ピッキングとコンベア

　自動化設備や半自動化設備は、コンベアによる搬送とケースソーターによって成り立っています。コンベアは、連続搬送ができることと、作業工程間の搬送連結に、その能力を発揮します。搬送能力は、経済速度（標準速度）で30m/分（1800m/時）です。因みに、人の歩行速度は60m/分（3600m/時）です。

　コンベアが、能力を発揮するには、常に物量を一定量搬送させることです。例えば、1日に1万ケースの出荷であれば、連続運転をすれば、単純に5.6時間かかります（1ｹｰｽを1mﾋﾟｯﾁとすると、1万ケースは1万mになります。10,000m÷1800m/時）。実は、この点が実務上課題になります。

　入荷検品コンベアでは、メーカーや取引先からの入荷待ちがあります。即ち、コンベアが稼働しない時間があります。出荷コンベアは、作業単位（バッチ量）によって、出荷待ちが発生します。いずれも、アイドルタイム（待機時間）が発生しますので、搬送能力通りに、単純計算できません。設計上、運営をどのよう

にするかが問われるところです。

　また、半自動化設備系のコンベアは、入荷であれ、出荷であれ、コンベアに商品（ケース）を乗せる作業と、降ろす作業の、両方に人手がかかります。コンベアの搬送能力は、運営との関係で機械上の能力通りには生産性が上がりません。典型的には、ケースソーターのシュート下に人の配置をしますが、全シュートに人を配置するほどの物量がなくても、人を配置しがちです。この人員の大半が余剰になり低生産性になります。

　更に、今日のように物流センターで取り扱う店舗数が増えたり、店舗別部門別（カテゴリー別）仕分になったりしますと、単純にシングルオーダーピンキング（1店舗単位）という風にはできません。バッチピッキング（複数店舗単位）になりますので、設備としてソーター数（シュート数）を増やせば足りるということではすみません。ソーターのシュート下で、ケースに貼付されたラベルによって、二次仕分（店別、方面別、部門別等）をしなくてはなりません。

　以上の検討結果、ケース仕分において、非自動化設備におけるケースの直播方式を開発することになりました。設備化がどのような目的に従ってされているかをみないと、設備化率だけでは単純にはセンターの能力比較はされるものではありません。非自動化設備は、情報システムは精密になりましたが、設備投資は、大幅に下がりました（表6-1-3参照 p.106）。

（5）ピースの自動化

　ピースを自動化して取り扱う時の設計指標として、品質、信頼性、生産性の3つがあります。

　品質に関しては、ピッキング精度と商品破損です。ピースを段ボールのケースから取り出す際のやり方として、ケースから商品を切り出す、商品を把持する、商品を所定の場所に落とす等があります。いずれも何らかの外的な力を加えます。人間が掴むのに比べると、傷を付け易くなりますので、破損率が上がりました。

　ピッキング精度も現金自動預金機ほどにはなりませんでした。現金自動預金機（ATM automated teller machine）は、4種類の金種（千円札、二千円札、五千円札、一万円札）を識別していますが、お札そのものも識別できるようになって

います。読み込む側と読まれる側ともに、識別ができるようになっております。お札のカウントも1枚ずつ真空ポンプで吸着・移動・停止を繰り返して数えております（日本経済新聞夕刊2000年6月5日「小さな世界企業/三津海製作所」参照）。現金自動預金機で現金を引出時に万が一にもミスを経験された方はいないでしょう。

　信頼性は、商品個体をどのように搬送するのか、仕分するのかに関わります。商品個体を重力による自然落下や摩擦に依存した制御技術では、設備は安くなりますが、個体の移動を完全に制御することは難しくなります。自然落下というやり方では、信頼性を保証することはできませんでした。設備の障害率も高く、不安定な状態でした。

　生産性は、信頼性が低く、障害率が高いと、必然的に低下してきます。

　自動化設備を維持していく上で、メインテナンス技術職は不可欠になります。

（6）良いエンジニアリングと良い物流設備であるために

①新しい問いかけができる設計思想

　自動化技術で問われていることは、「新しい問いかけができる」という設計思想ではないかと考えております。顧客の変化や要求に対して、設計で答えていこうとしますと、どんな課題にも対応できる「自動化技術」があるだろうかとの問いを発することになります。「自動化技術」は、あらゆる場合を想定して、答えを用意しておくことができるかという疑問でした。「未来の標準化」を想定していることが問われます。環境が変化していく中で、技術の未来を読み切ることができるでしょうか。むしろ、「新しい問いかけができる」という思想で設計することもあるでしょう。新しい問いかけを行えば、変化に対して、未来を切り開いていけるようにしたいものだと考えています。

　物流設備は、見たところ、繰り返して使う設備が多く、直ぐに変化に対応という風にはならないのかもしれません。しかしながら、商品という視点では、荷姿や形状等が変わっていくという点は、未来の標準化という点では、十分に考えておくことが必要です。

第6章　物流投資

②良いエンジニアリング

現在、良いエンジニアリングと良い物流設備であるための指標は、次のように考えております。

A. 開発する物流機器やシステムの有用性と技術原理の妥当性があること

B. 物流機器やシステムの性能を実証し、安定稼動と安全性が確保されること

C. 顧客のニーズにフレキシブルに対応できること

D. グローバル・スタンダードであること

　　　　　通信プロトコール、商品コード、輸送容器パレット等

E. 品質レベルは、シックスシグマであること

F. パフォーマンス・バイ・コストが優れ、投下資本が回収できること

G. プランナーや技術者を育成すること

（7）仕分設備の開発

小売業のセンター納品が進行していった中で、従来の店別仕分から店舗別部門別仕分になっていきました。店舗別仕分であれば、店舗数だけの仕分になりますが、店舗別部門別仕分ですと、店舗数×部門数になります。例えば、８０店舗のチェーン企業は、従来は８０店舗（分類）仕分で済みました。同じ企業が、店舗別に部門数が１０部門になりますと、８００分類（80店舗×10部門）になります。ケース仕分であれ、ピース仕分であれ、いずれも設備設計がガラリと変わることになりました。

ピース仕分では、従来、総量種蒔き方式としてピースソーターを使用した店舗別仕分運用が中心でした。ピースソーターは、投入した商品を仕分用シュート数分だけ仕分けることができます。しかしながら、１０部門別ともなりますと、800シュートも設備化することは事実上できません。８０店舗を仕分けておりましたピースソーターをそのまま使うとしますと、部門別に一回一回仕分けることになります。１０部門、即ち１０回パスをして仕分けることになります。

103

そこで考えられたのが、仕分先である８００間口（80 店舗×10 部門）を用意して、計量検品カート（第 6 章で紹介した CMSp. 85）にアイテム別商品を積んで、部門別・店舗別の間口（オリコン）に直接蒔くやり方です。投資額と設備設置面積においては、計量検品カートはピースソーターに対して優位です（表6-1-2「ピースソーターとカートの比較」を参照）。

<表6-1-2　ピースソーターとカートの比較>

比較項目	ピースソーター	計量検品カート （CMS：cart management　system）
仕分単位と 設備制約	間口として 100 シュート（200 シュートも技術的には可能です。シュート数制約）。 店舗別に仕分が中心ですが、部門別にパスすることも可能です。	間口は店別部門別に必要数用意します。 （間口数制約）
初期投資額 （同一条件）	ピースソーター：120 百万円	CMS カートと間口：46 百万円
必要面積	440 坪	231 坪
作業生産性	450 本／人時 ピース投入からオリコン投入までの生産性	350 本／人時 ピース検品からオリコン投入までの生産性

その後、HT による種蒔システムの開発が行われました。

特に、GAS の総量種蒔方式の開発は、必要面積を CMS 方式に対して70％に縮小されています。また、各作業が独立されており、作業員同士が相互に妨げにならないことがいい点です。

（8）設備投資と採算性

物流設備の設備投資は、作業の生産性や品質の向上が目的になります。設備投資を行うあたり、検討することは、真に生産性に寄与するのかをどのように評価するかにあります。次に、投下した資本が回収できるかにあります。

コストは、設備投資に伴う償却費等の固定費と庫内作業費の変動費を加えた額

第6章　物流投資

が、競争に耐えられるかにあります。例えば、庫内作業の設備のやり方を自動化、半自動化や非自動化に分けた時に、3タイプのうち、どのやり方が固定費と変動費を最小化できるかを検討してみます。

　自動化は、ケース入荷から始まり、ケース仕分するまでの工程をすべて機械化することとします。半自動化は、保管に自動倉庫を使うことはありますが、ケース・ピッキング等は人手で行い、仕分をケースソーターで行うことにします。非自動化は、入荷から出荷までをすべて人手で行うことをいいます。この3つのタイプの機能フローは、図6-1、図6-2、図6-3を参照ください（p.99〜100）。

　自動化、半自動、非自動化のいずれの場合も、制御するのは、情報システムです。半自動化や非自動化の人手で行う作業も、作業指示は、無線化した機器（例えば、無線ハンディターミナル）でコンピュータからリアルタイムに行います。

　ほぼ同じ出荷量の3タイプの物流センターに対して行った設備投資額と、庫内作業費の比較をしてみます。各々の設備投資額、その償却費を例示しておきます（表6-1-3　設備投資比較表）。年間の出荷物量で除して、単位当たりの費用を算出して、各々を比較しております。

　この表で見る限り、自動化だけが最適な仕組みではないと理解できます。自動化設備は、1口当たりの庫内作業費は確かに一番安いのですが、それ以上に設備に費用が掛かることがわかります。設備修繕費や保守要員に関わる保守費もかかります。自動化設備で、経費を抑える為に、保守費を少なくして保守要員を削ると、設備の安定稼働に悩むことになります。
　従業員確保の困難性と設備の自動化は、これからはもっと課題になるでしょう。投資と技術開発の意味合いが問われるところです。

105

<表6-1-3　設備投資比較表>

設備投資比較項目		自動化設備	半自動化設備	非自動化設備
年間出荷物量		10.6 百万口	9.2 百万口	9.1 百万口
設備投資	投資額	58.0 億円	15.0 億円	6.6 億円
	償却費 (7 年償却、残存 0)	8.3 億円/年	2.1 億円/年	0.9 億円/年
維持経費	設備修繕費、保守要員	1.3 億円/年	0.6 億円/年	0.2 億円/年
1 口当り 設備固定費	設備償却費	78 円/口	23 円/口	10 円/口
	設備修繕費、保守要員	12 円/口	7 円/口	2 円/口
	固定費計 (A)	90 円/口	30 円/口	12 円/口
1 口当たり庫内作業費 (B)		40 円/口	46 円/口	48 円/口
計 (A+B)		130 円/口	76 円/口	60 円/口

（9）物流投資の評価法

①投資の意思決定方法

　投資の意思決定には、さまざまな方法があります。例えば、正味現在価値法（NPV法、net present value）、内部収益法（IRR 法、internal rate of return）、回収期間法（ペイバック法）、経済付加価値（EVA、economic value added）等々があります。各々の特徴を一覧表にしておきます。

<表6-1-4　投資の意思決定方法>

投資の意思決定方法	説明
正味現在価値法 （NPV法）	投資により生み出されるキャッシュフローの現在価値 (present value) と、初期投資額を比較することで、投資を評価します。
内部収益法 （IRP法）	同程度のリスクを持つ投資案件の利回りと、当該投資機会の利回り (internal rate of return) を比較することにより、投資を評価します。
回収期間法 （ペイバック法）	初期投資は、投資を回収するべき期間に回収されるべきだという考え方に基づきます。

（出典：『新版MBAマネジメントブック』グロービス・マネジメント・インスティチュート著、筆者編集）

第6章　物流投資

②EVA（economic value added、経済付加価値）
　新規投資や、資産除却時の投資を評価するには、EVA（経済付加価値）が、適切ではないかと考えております。投資案件が対象とするコストメリットを評価して、営業利益が上がるかどうかを判断できますし、投資判断として、EVAが少なくともゼロ以上か、即ち投下資本を回収できているかどうかを金額で判断できます。EVAは、営業利益の拡大と資産の圧縮が評価基準となります。

③EVAによる投資評価の事例
　EVAを使った投資評価の事例を取り上げてみます。事例は、既存の建物の一部や設備を廃して、新規に投資する案件です。資産の除却対象は、建物の一部4百万円、設備119百万円です。その除却対象に、新規投資として、建物改築費24百万円、設備179百万円を行う案件です（表6-1-5）。

<表6-1-5　EVA事例>

投資案件	新規投資			既存設備等廃棄
	投資額	償却費	償却法	資産除却損
建物	24百万円	0．7百万円	定額35年	4百万円
設備	179百万円	25．6百万円	定額　7年	119百万円
計	203百万円	26．3百万円		123百万円

　表6-1-5の事例を、EVA評価したのが、表6-1-6です。設備稼働期間の7年間に、税引き後営業利益は、減少費用（メリット額）515百万円から増加費用217百万円を控除して、298百万円になります。除却する資産を控除した投下資本（建物と設備）は780百万円、それにかかる資本コスト（ここでは5%と設定）は39百万円です。EVAの増加額は、134百万円になっています。

107

<表6-1-6　事例によるEVA評価>

EVA計算勘定科目		項目	1年目 (百万円)	(2〜7 年は略)	合計 (百万円)
減少 費用	1．投資による庫内費削減効果	A	56		392
	2．設備廃棄による保全費削減額	B	18		123
	計　　　　　　　(C=A+B)	C	74		515
増加 費用	減価償却費	D	26		184
	修繕費・税・保険	E	5		33
	計　　　　　　　(F=D+E)	F	31		217
営業利益の増加　　　　　(G=C-F)		G	43		298
税金 (実効税率42%とする)(H=G×42%)		H	18		125
税引き後営業利益の増加　　(I=G−H)		I	25		173
投下 資本	建物	J	24		168
	設備	K	179		1253
	除却設備の期首簿価	L	△123		△641
	計　　　　　　　(M=J+K+L)	M	80		780
資本コスト (5%) の増加　　(N=M×5%)		N	4		39
EVAの増加　　　　　　(O=I-N)		O	21		134
現在価値EVA (割引率5%)(P=O×95%)		P	20		127
税引後除却損永年割引資本コスト		Q	10		71
EVA (確定後)　　　　　(R=P-Q)		R	10		56

第6章　物流投資

第2節　倉庫投資と賃借

（1）倉庫の選択

　物流センターの敷地と建物を、適切な場所に、適正な規模で、適法に、安価な価格で取得します。そのためには、早期に物件の調査と法的な調査（表6-1-7次頁参照）を行うためのスケジュールを立案し、調査をして、調査結果の評価をします。その後、条件交渉に入り、契約を取り交わします。建物の新築、若しくは改修エンジニアリングの実施と、工事費の削減に努め、検収します。

　スケジュール作成・立案の目安としては、改修工事であれば１０ヶ月を目途にします。新築は、１９ヶ月から２年が目途です。

<表6-1-7　物流センター建物スケジュールの目安>

改築・新築	調査・条件提示・賃貸借合意	設計	確認申請	工事	設備据え付け・試運転	稼動
改修工事	２ヶ月	１ヶ月	３ヶ月	３ヶ月	１ヶ月	
新築工事	３ヶ月	３ヶ月	３ヶ月	９ヶ月〜１年	１ヶ月	

　改修投資は、家賃＋建物改修費＋原状回復費になります。

　<改修投資の例>１坪の倉庫を坪月当り３千円で５年間賃借する時の事例

　　　家賃：１千坪×3千円/坪月×12ヶ月＝36百万円/年

　　　　　建物改修費：20百万円÷5年＝　　4百万円/年

　　　　　原状回復費：30百万円÷5年＝　　6百万円/年

　　　　　年間倉庫費　　　　　　　　　46百万円/年

　　　　　年間管理家賃：46,000千円÷12ヶ月＝3,833千円/月

　　　　　坪月当たりの単価・・・・・・・・・・3,833円/坪月

（2）建物調査

　建物調査を行う際の「チェックリスト」を掲載しておきます。建物は、関係法令が多岐に亘りありますので、遵法であることを確認します。

＜表6-1-8　物流センター建物調査チェックシート＞

			調査者	調査日
物件名称		所有者	契約者	
住所			紹介者	

条件	調査事項	調査結果	詳細調査項目
共通	・物件資料準備 ・信用調査 ・事業所税の対象か	・敷地配置図、平面、立面、断面図、 　現地写真 ・所有者、契約者の信用調査実施	・契約敷地、 　建物範囲
法規制	・都市計画法上の地域・地区 ・陸運局への営業所申請が許可されるか	・市街化区域、市街化調整区域、他 ・工業専用、準工業、商業、近隣商業、 　準住居 ・市街化調整区域は基本的には許可 　されない	・建蔽率、容積率、 　用途変更、 ・開発行為、 　都市計画図 ・既存宅地、 　臨港地区 ・緑化、公害規制
賃貸借	・明け渡し時期 ・月額賃料 ・契約期間	・__年__月__日 ・単価__千円/坪月、__千円/月 ・__年	・敷金、 　家賃発生月日 ・諸契約条件、 　対象範囲 ・改修工事項目、 　負担先
立地	・物流センター位置 ・物流センター環境 ・周辺環境 ・最寄り駅までの距離 ・NTT基地局までの距離	・インターまでの距離__km ・流通団地、工場団地、他 ・近隣に住宅地の有無（夜間・早朝）、 　他 ・__駅__km ・__km	・活断層との位置 　関係
道路	・利用幹線道路 ・新入道路幅	・__号線 ・__m	・将来道路幅 ・交通渋滞状況
協定等	・運営時間、休日作業の規制	・協定先、規制内容	
敷地	・敷地面積 ・敷地現況 ・門 ・敷地内トラック（単車） 　回し ・敷地内駐車場	・__坪 ・アスファルト、他 ・幅__m、__個所 ・可否 ・単車__台、4t__台、乗用車__台	・地質ボーリングデータ ・単車走行軌跡 ・外部駐車場

第6章 物流投資

建物	・構造、	・鉄骨造、RC造、他	・CPU耐震対策
	・建築面積、延床面積	・＿坪、＿坪	・結露発生の可能性
	・階数、建物有効高さ	・＿階数、1階＿m、2階＿m 3階＿m	・屋根断熱性能
	・床、積載荷重	・高床＿m、低床、＿トン/㎡	・床レベル
	・床面のひび割れ、凸凹	・有無	
	・床面材質	・コンクリート、アスファルト、シールハード他	
	・照明設備状況	・庫内、庇下、外灯	・受電容量、照度測定
			・防消火設備
	・入出庫口の幅、高さ、箇所数	・幅＿m、高さ＿m、＿箇所	
	・庇の幅、奥行き、箇所数	・幅＿m、奥行き＿m、＿箇所	
	・多層階時車両運行荷重制限	・＿トン車以内可	
	・居室の有無とスペース	・事務所＿坪、休憩室＿坪、会議室＿坪	・冷暖房
	・便所	・男子大＿個、男子小＿個、女子＿個	・浄化槽、公共下水
増築	・将来増設の可能性	・水平増築可否、中2階増築可否	・構造条件
昇降機	・ELV、リフター	・W×L×H、トン数、台数、能力＿/H	・停電、地震管制運転
雇用	パート雇用	・物流センター周辺からの雇用（容易・困難）	
	パート平均賃金	・＿円/時	
気象	・冬季の気象	・積雪＿cm、風向方位	・過去の災害・凍結深度
	・その他	・降灰（有・無）	
その他	契約上の条件	・24時間365日稼動が可能か確認 ・敷地内24時間駐車が可能か確認 ・車庫証明取得の可否確認 ・駐車場料金の有無確認 ・官庁、近隣との協定事項と継承の有無確認 ・借庫物件の貸主修理責任範囲（雨漏れ、建具施錠、照明の不備等） ・借庫時の引渡し条件の範囲（片付け掃除、補修項目等）	必要改修工事項目： 床、居室、便所、庇、入出庫口、昇降機 受変電、幹線、照明、冷暖房、換気、給排水、浄化槽、機械警備、電話、舗装、看板、門、塀、他
	運営上の条件	・専用バースと専用スペースの確定 ・車両、人の入出門の手続き確認	

111

（3）倉庫の投資

　倉庫を自社投資で建設にするのか、賃貸借契約にするのかは、重要な経営意思決定事項になります。資本コスト負担の有無が、EVAに大きな影響を与えます。

　ＥＶＡをベースにして、自社投資と賃貸借契約を対象にしたモデルで検討してみます。なお、賃貸借の時は、契約満了時に原状回復が契約上、課せられます。この費用も予め織り込んでおきます。

＜倉庫投資モデルの前提条件＞

・倉庫延床面積5,000坪を建設した時の自社投資と賃貸借契約を比較

　A．自社投資額

　　　土地購入代2,605百万円　　（購入単価@521千円/坪×購入面積5000坪）

　　　倉庫新築　1,500百万円　　（建設単価@300千円/坪×延床面積5000坪）

　　　投資合計　4,105百万円

　　　20年後に土地は購入価額で、建物は未償却簿価で売却するとします.

　B．賃貸借契約

　　　賃貸借契約期間は、20年間、賃貸借料は、坪月当り@3,889円、延床面積5,000坪とします。

　　　月当り19.4百万円、年当り233百万円、20年間で4,666百万円になります。

　　　契約満了時は、自社負担で建物撤去と更地化して返却し、撤去費用は、280百万円とします。

＜両者の比較＞

　自社投資は、表6-1-9には書いておりませんが、初年度より単年度EVAは赤字が続いております。最終年度に土地と建物を売却することで売却益19.7億円を上げておりますので、EVA累計額は、累計赤字額4.3億円を控除して、15.4億円になっております。EVA現在価値額は、4億円になっております。

　一方、賃貸借のEVA現在価値額は9.3億円ですので、自社投資より勝っております。土地に対する投資が20年後に同一額で売却できると仮定していますが、土地神話がない今日、果たしてその保証があるでしょうか。投資が収益を生まな

第6章　物流投資

いならば、投資するよりは賃貸借にした方が長い目では有利でしょう。

<表6-1-9　倉庫投資と賃貸借のEVA比較計算モデル（20年累計）>

項目	自社投資 (41億円)	賃貸借
収益増加額	７４．３億円	７４．３億円
費用増加額		
投資による増加建物償却費	△１１．７億円	－
投資による固定資産税・保険料	△１２．６億円	－
賃貸借料	－	△４７．０億円
20年後の撤去更地化費用	－	△２．８億円
費用計	△２４．３億円	△４９．８億円
営業利益の増加	５０．０億円	２４．５億円
税金（42%）	△２１．０億円	△１０．３億円
税引き後営業利益	２９．０億円	１４．２億円
資本コスト（5%）	△３３．３億円	０
土地建物売却代金	１９．７億円	０
EVA累計額	１５．４億円	１４．２億円
EVA（割引後）現在価値額	４．０億円	９．３億円

113

第3節　物流投資と物流経費の試算

（1）投資と固定費・変動費

　物流投資は、損益計算書（P／L）と貸借対照表（B／S）の両面から評価します。資産圧縮という点では、B／Sの視点からです。物流拠点や設備の集約や共有化が当てはまります。営業利益の拡大という点では、P／Lの視点です。物流経費の削減が典型でしょう。

　物流費は、モノを動かすための倉庫・設備・システムという投資に関わる固定費と、運営費にあたる変動費があります。設備投資をして、合理化することで、固定費は上がりますが、変動費は下がる関係になります。この関係をP／Lで比較してみます。

　＜事例＞

　設備投資を4億円行い、7年で償却するとして、設備償却費が57百万円になる事例を取り上げます（表6-1-10を参照）。

<表6-1-10　投資と変動費の関係>

現行の物流費				設備投資後の物流費			
勘定科目		費用額 （百万円）	構成比 （%）	勘定科目		費用額 （百万円）	構成比 （%）
固定費	設備費	91	14	固定費	設備費	148	23
	家賃	126	19		家賃	126	19
	社員人件費	31	5		社員人件費	31	5
	計	248	38		計	305	47
変動費	庫内作業費	200	31	変動費	庫内作業費	143	22
	配送費	200	31		配送費	200	31
	計	400	62		計	343	53
合計		648	100	合計		648	100

114

第6章　物流投資

　固定費の設備費が、設備投資後の物流費では、57百万円上がっております。代わりに、作業の生産性が28.5%上がって、変動費の庫内作業費が57百万円下がっております。営業利益では、減少費用として庫内作業費が57百万円下がり、増加費用として減価償却費が57百万円発生しますので、営業利益は±0です。

　通常ですと、28.5%も生産性を上げて、よくやっているとなりますが、投資効果ではどうでしょうか。EVAで評価しますと、設備投資4億円をしていますので、資本コストを5%としますと、資本コストが20百万円発生します。したがって、EVAは、マイナス20百万円になります。過大投資なのか、別のやり方でもっと生産性をあげられることなのか再検討します。

（2）在庫型物流センターの投資試算

　在庫型物流センターを立ち上げることを想定して、投資額と物流経費を試算してみます。設備やシステムへの投資は、物流センターでは必須ではありますが、金額が大きいだけに、投資目的が問われます。投資に見合った利益が生まれて初めて評価されます。

＜事例＞

固定費関連

　設備投資等：3億円、償却費43百万円（7年間内で償却）

　倉庫（2000坪）：賃借108百万円/年（4500円/坪月×2000坪×12か月）

　社員：センター長含めて6名

在庫型物流センターの規模

　年間通過金額：100億円（1日当り通過金額100億円÷312日＝32百万円/日）

　年間通過口数：

　　ケース数　　1,400千ケース（21百万ピース＝15ピース/ケース×1,400千ケース）

　　オリコン数　　　600千オリコン（18百万ピース＝30ピース/オリコン×600千オリコン）

　　口数　　　2,000千口　（39百万ピース＝19.5ピース/口×2,000千口）

　　日別通過口数：6,410口/日　（2,000千口÷312日）

115

1口当り金額：5,000円/口

（年間通過金額100億円÷年間通過口数2,000千口）

1ピース当り単価：256円/P（年間通過金額100億円÷39百万ピース）

庫内作業費：ケース出荷（作業費@65円/ケース）とピース出荷（@4円/ピース）

庫内管理費：@10円

配送費：個建@70円

営業利益率は、5.7%とします。

＜表6-1-11　事例の収支表＞

勘定科目			計上基準	金額 （百万円）
収入			通過金額100億円×収入手数料5.3%	５３０
費用	固定費	設備費 システム費	設備償却費（7年償却）、保守料 システム機器償却費（5年償却）、保守料、	４３
		家賃	@4500円/坪月×2000坪×12ヶ月	１０８
		社員人件費	センター長。社員5人	３１
		計		１８２
	変動費	庫内作業費	ケース：@65円/ケース×1400千ケース＝91百万円 ピース：@3.7円/ピース×18百万ピース＝67百万円	１５８
		庫内管理費	事務費、消耗品費、光熱費等 @10円×配送口数2百万口	２０
		配送費	@70円×配送口数2百万口	１４０
		計		３１８
	合計			５００
営業利益			（営業利益率5.7%）	３０

この事例では、営業利益が30百万円出ておりますので、税引き後営業利益は17.4百万円です。設備投資3億に対する資本コスト（5%とします）は、15百万円ですので、ＥＶＡは、2.4百万円出ることになります。

第7章
物流エンジニアリング

第7章　物流エンジニアリング

第1節　企画設計

　卸売業や小売業が、自社の物流センターや小売業の物流センターを立案する時の、エンジニアリングの過程を説明します。エンジニアリングのステップとしては、企画設計と実施設計の二段階になります。

　企画設計では、目的の策定から、企画仕様書を発行までを行います。

　企画仕様ができた段階で、経営判断と承認を得ます。経営の了承が得られますと、社内であれば、実施設計を行い、稼動に至ります。客先への営業であれば、経営承認の後、客先への提案と営業活動になります。

（1）企画設計の全体フロー

　企画設計のベースになっていますのは、第3章物流コスト、第4章マネジメント・サイクル、第5章物流品質、第6章物流投資で書かれていることです。これらをエンジニアリングの過程に組み直しております。

　図7-1「企画設計のステップ」では、目的から仕様に至るまでが、あたかも滝のごとく、上から下に向って流れているかのように書かれています。実際には、幾度となく、目的・目標、あるいは途中のステップに戻って、考え直したり、データを取り直したりすることがあります。

　5年から10年先のことを**構想**して企画するのですから、何度も何度も練り直します。

　企画設計では、投資及び物流費用の両方を出すことに試算することになります。

118

第 7 章　物流エンジニアリング

<図 7-1　企画設計のステップ>

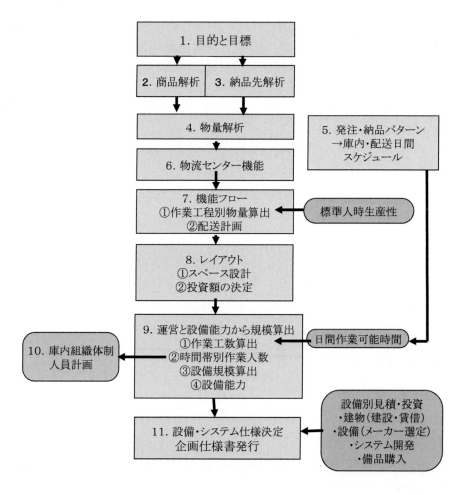

（2）企画設計のステップ

ステップ1．目的と目標

　物流センターをエンジニアリングする「目的」を書きます。その為には、物流センター建設のニーズの探索が重要です。目的は、現在の事実と将来を勘案して何度も練ります。

　目的を明確にしましたら、目的を実現する為の、「目標」を具体化します。目標となるのが、次に書かれているステップ2からのテーマです。目標を決めましたら、目標を達成するための問題点や課題を明確にして、それを解決していく具体的な方法を明らかにします。

　企業経営のレベルで言えば、企業理念や使命は、「目的」に当ります。その目的を達成するための経営計画が「目標」です。組織上の役割から、目的と目標の関係を連鎖して考えておくことが大事です。

　取り組みました物流センターを念頭に、目的について取り上げてみます。物流を担当した当時、三つの経営課題がありました。一つは、センターフィー問題から、小売業向けの一括物流の企画・設計・開発と、新会社の設立と物流受託を行うことでした。二つ目は、60箇所の在庫拠点を集約することです。7年間かけて21カ所にしました。三つ目が、全自動化物流センターの安定稼働です。

　全自動化物流センターの課題は、技術開発に11年以上の年月をかけて、企業独自開発のケースとピースの自動化技術の見直しです。自動化技術で、稼働が不安定な設備を安定稼働させ、品質面から再設計することにしました。合わせて、グローバル競争下での国内価格競争や、一括物流のように短期の契約期間で、自動化設備のように多額の物流投資を必要とする設備設計をこのまま続けるのかを検討しました。ピックtoオートマティック（全自動化）から、ピックtoコンベア型（半自動化）等の技術開発をすることにしました。1998年にピックtoコンベア型物流センター、更には2003年にピックtoパレット型（非自動化）物流センターへの展開になりました。ここに至って、設備技術を持たない従業員でも運営できる物流センターになりました。

第7章　物流エンジニアリング

　ピック to パレット型の物流センターの目的は、ケースピッキングシステムを無線により、入荷・格納〜保管〜ピッキング〜荷揃え〜積込までの全工程をリアルタイムで捕捉し、計画型の仕事へ変革を図ることです。目標は、品質保証：誤出荷率を3/100万個の実現、作業人員適正化：庫内全体作業の掌握と作業人員計画、生産性の向上：3000梱/時の実現、ノンストップシステムの実現です。

ステップ2．商品解析

① 商品情報

　物流センターを設計する時に、まず考えなければならないことがあります。物流センターで取り扱う「**商品**」です。正しい設計や運営を行うには、商品を正しく知っておかなくてはなりません。商品と一口に言っても、取り扱う業界によって、様々な商習慣があります。日用品には日用品の商習慣がありますように、家庭用品、医療衛生用品、化粧品、医薬品、食品毎に業界の暗黙ルールがあります。エンジニアリングするには、その暗黙の約束事も調べておくことが必要です。資料としては古いのですが、いすゞ自動車が調査したスーパー業界の商品特性を掲載しておきます（表7-1-1 参照）。

<表7-1-1　スーパー業界の商品特性>

カテゴリー		代表的な商品	商品特性			
			荷姿	容積 (才)	重量 (kg)	管理 温度
住居品	文具、 家電	文房具 ガスコンロ	段ボール	1.8	7.0	常温
	家庭品、 日用品	ティッシュ 洗剤		1.7	7.5	
加食	加工食品、菓子	味噌醤油、菓子	段ボール	0.8	6.0	
衣料品	衣料	シャツ、肌着下着	段ボール	1.4	3.5	
		スーツ、スカート	ハンガー	－	－	
	寝装・服飾	布団、靴	段ボール	3.5	7.0	

　　出典：「最適車両設定による配送効率の向上」いすゞ自動車96年7月、筆者一部改修。
　　注. 才は、1辺が1尺(30.3cm)の立方体(0.0278立米、27.8ℓ)

121

② 商品の荷姿等

取り扱う商品のケースとピースに関する

- 荷姿（パレット、ケース、ボール、ピース）
- 形状（段ボール、紙袋、ビニール袋等）
- 重量（ケース単位とピース単位のグラム数）
- 容積（ケース単位とピース単位のサイズ、縦×横×高さの寸法、㎥、ℓ）
- 商品を数える単位（「③商品の単位」参照）
- パレット積み付け数（面数と段数）
- ケース入数、ボール入数
- JANコード、ITFコード等を明らかにします。

企業のシステム要件にもよりますが、商品情報を基幹系システム若しくは、WMS（warehouse management system）のいずれかに、商品荷姿をマスター化します。

③ 商品の単位

商品を数える単位は、商品の現物に当たって確かめておくことです。パック商品、セット商品、バンドル商品、シュリンク商品、外増し商品等々いろいろな商品形態と単位がありますので、JAN コードと照らし合わせて、商品単位を決めます。

業界での商習慣の違いが、よく出るケースでもあります。表 7-1-2 のように、社内での呼び名や**単位を統一**しておくと、部門間や企業間の誤解が減ります。

第7章　物流エンジニアリング

<表7-1-2　商品単位>

内容	呼び名	単位(略称)
ケースで扱う商品	ケース、梱	ケース(c)
ケース以下で取り扱う商品	ボール、ピース、バラ、本、個	ピース(p)
中箱商品	中箱、ボール	ボール(b)
折り畳み式コンテナ(50ℓ、40ℓ等)	オリコン	オリコン(o)
荷姿計	ケースとオリコンの合計数	口(クチ)

　商品の荷姿や重量・容積等は、商品の取り扱い方や、設備のあり方も規定します。商品のサイズ（寸法）は、搬送でコンベアを使用する時に、コンベアの幅やローラーピッチを決めます。

　倉庫内温度は、常温（平常の温度）を前提にしております。それに対応した商品になります。医薬品等の中で常温では品質が保てない商品は、別途に冷蔵庫等を用意します。

　なお、取扱いに不案内な商品は、その商品を取り扱っているメーカーなり、取引先に相談して商品の基本データを入手するようにします。

ステップ３．納品先の解析

　納品先の物流センターの住所、納品時刻、納品可能車両重量、納品方法（パレット降し、カゴ車降し、手降し）等を一覧表、若しくは「納品与件書」にします。

　また、納品先の各店舗の住所、店舗売上規模・納品数量、納品時刻、納品可能車両、駐車条件、納品箇所（軒先渡し、店内搬入等）、納品方法等を個店毎に「納品与件書」としてまとめます。

　配送を担当するドライバーに、店舗の「納品与件書」で説明できるようにします。特に、納品先に着床できる車両のサイズや積載重量は予め調査しておくことです。

　納品箇所のデータは、配送シミュレーションの基礎データになります（第3章、第2節配送費の項を参照 p.44）。

ステップ4．物量解析

（1）出荷量

①日別物量・ピース比率・口数

　企業経営で金額管理は当たり前に行われていますが、数量管理は、比較的手薄です。物流で必要とされる「物量」、例えば、日別ケース数・ピース数、口数等が、正確に把握できている企業は少ないということを念頭に置いて分析に臨むことです。日別の物量、ケースとピース比率、1行当たりピース数、口数を一つひとつ確認していきます（調査一覧は、表7-1-8 p.129参照）。

　日別物量では、物量の日別波動が大きいことを知っておくことです。最大出荷ピークの時を押さえておきます。物量ピークに、出荷できるように設計し運営することが前提です。物流では、なによりもその日に仕事を完結していかなければならないからです。

　表7-1-3は、大型物流センターの曜日波動を指数化したものです。平均日別物量だけを見ていても、設備能力や運営には当てにならないことがわかります。もし平均物量で設計するとしたら、実際に稼働した時には、物量が多い曜日ですと、混乱よりもなによりも当日には出荷できなくなる可能性があります。物流では、平均で物量を見るのはしないことです。平均値には、実際の現場の姿がないからです。平均値を使うのはエンジニアリングする時に、便宜的に使うものだと思ってください。

<表7-1-3　Sセンターの曜日波動>

曜日	月	火	水	木	金	土	平均
ケース出荷指数	187	72	35	183	81	42	100
ピース出荷指数	255	63	52	155	43	31	100

　設備能力も運営人数も、物量によって決まってきます。設備能力とは、庫内レイアウト、在庫保管能力（パレット保管、中量棚保管）、入庫能力、出庫能力、

配送能力等を指します。日別物量に変えて、曜日別物量を見るだけでも、設備能力を運営人数も日々大きく変えていかなければならないことがわかります。

　物流センターの通過物量・通過金額を、年間、月別、日別で明らかにします。納品先企業によってはカテゴリー別納品がありますので、カテゴリー別通過金額及び通過物量を年間、月別、日別に明らかにします。また、カテゴリー毎の発注曜日の違いも注意がいります。納品金額だけが小売業から提示されることがありますが、少なくとも販売総ピース数は求めるようにします。総ピース数は小売業であれば、どの企業も店舗での販売量実績であるPOSデータから開示できるデータです。また、カテゴリー（部門）毎の販売単価や粗利率も知っておくと、カテゴリー（部門）毎の設計を行う時に役立ちます。

　ピース比率は、ケース出荷とピース出荷をピースに換算した時の出荷比率です。小売業各社からの発注は、1ピース単位で行われている現実の中では、ピース作業の仕事量を決める基本になります。食品分野（健康食品は除く）では、ピース発注はありません。

　口数は、配送の基本物量になります。

　ピース比率にしても、口数にしても、物流費（庫内作業費、配送費）を決める大きな要素になります（第3章第3節参照p.48）。

　在庫保管は、アイテム数（SKU、stock keeping unit）と保管量を、出荷量に応じた理論在庫保管量と実績在庫保管量を把握しておくことです。

②日別物量・ピース比率・口数の事例

　総ピース、荷姿別（ケース別、オリコン別）のピース数が提示されて、口数を算出する時を事例にして取り上げてみます。

＜事例＞

　総ピース数（A）を、ケース数で出荷するピース数（B）と、オリコンで出荷するピース数（D）とに分けます。

　ケース数（C）は、ケース入数で除して算出します。

ピース数 (D) は、オリコン入数で除して、オリコンの口数 (E) を算出します (表7-1-4 参照)。

<表7-1-4　総ピース換算表>

A. 総ピース数	B. ケースで出荷するピース数	C. ケース数 (ケース入数：15P/C)	D. オリコンで出荷するピース数	E. オリコン数 (オリコン入数：30P/オリコン)	F. 口数
A=B+D	B=A－D	B÷15ピース	D=A－B	D÷30ピース	F＝C+E
例：100,000 ピース	40,000 ピース	2,667 ケース	60,000 ピース	2,000 オリコン	4,667 口

注:ケース入数(15ピース)と、オリコン入数(30ピース)は、例示です。任意に変えてケース数とオリコン数を算出できます。

③日別物量・ピース比率・口数の仮設

　ケース入数、オリコン入数やピースを入れるオリコンの口数がわからない時は、ピース比率、ケース入数とオリコン入数を推定して、口数を算出します。

　総ピースに対して、ケースとピースでそれぞれ出荷している比率を仮設で決めます (表7-1-5のG、I)。

　次に、ケース入数 (H) とオリコン入数 (J) を決めます。この二つの実際のデータがあればよいのですが、ない時には推定します。

　自社であれば、実績を解析します。客先であれば、調査を依頼して確認することが肝要です。小売業には、なかなか持ち合わせていないデータですので、店舗の入荷口で実地に調査をしてみることです。

　この推定には、いろいろな業種・業態での物量実態を経験しておく必要があります。

第 7 章　物流エンジニアリング

<表7-1-5　総ピース換算表　仮説Ⅰ>

A. 総ピース数	B. ケースで出荷するピース数	C. ケース数	D. オリコンで出荷するピース数	E. オリコン数	F.　口数
A＝B＋D	B＝A－D		D＝A－B		F＝C＋E
仮設で設定	G＝A× ケース比率（ピース数換算値） G＋I＝100%	H： ケース入数	I＝A× ピース比率 G＋I＝100%	J： オリコン入数	
仮設の比率	45%	15P/C	55%	30P/オリコン	100%
例：120,000ピース	54,000ピース	3,600ケース	66,000ピース	2,200オリコン	5,800口

　この表から、ピース比率、ケース入数とオリコン入数を変えれば、庫内作業量や配送量が、変化することがわかります。いずれもの比率も変えた時の事例を書いておきます（表7-1-6）。総ピースが同じでも、ピース比率、ケース入数とオリコン入数が変われば、出荷する荷姿の比率や口数も変わり、設備能力や配送量も変わります。

<表7-1-6　総ピース換算表　仮説Ⅱ>

A. 総ピース数	B. ケースで出荷するピース数	C. ケース数	D. オリコンで出荷するピース数	E. オリコン数	F.　口数
仮設の比率	70%	20P/C	30%	40P/オリコン	100%
例：120,000ピース	84,000ピース	4,200ケース	36,000ピース	900オリコン	5,100口

　仮説Ⅰと仮説Ⅱの比較をしてみます。仮説Ⅰは、仮説Ⅱに対してピース出荷勝ちのケースです。仮説Ⅱは、仮説Ⅰに対してケース入数もオリコン入数も入数が多く、結果としては口数が仮説Ⅰに比して多くはなっていません（表7-1-7参照）。

127

<表7-1-7　総ピース換算表　仮説ⅠとⅡの比較表>

A. 総ピース数 120,000ピース	B. ケースで出荷するピース数	C. ケース数	D. オリコンで出荷するピース数	E. オリコン数	F. 口数
仮設Ⅰの比率	45%	15P/C	55%	30P/オリコン	
	54,000ピース	3,600ケース	66,000ピース	2,200オリコン	5,800口
仮設Ⅱの比率	70%	20P/C	30%	40P/オリコン	
	84,000ピース	4,200ケース	36,000ピース	900オリコン	5,100口
Ⅱ/Ⅰ	1.56	1.17	0.55	0.41	0.88

　仮説Ⅰと仮説Ⅱに、発注1行当りのピース数を加味した見方（1行当り2Pの時と、1行当り3Pの時）で、作業時間を比較してみます。

　仮説Ⅰのように、ピース比率が55%と高く、1行当りの発注ピース数2ピースと少なければ、作業時のピッキング回数は多くなります。両者の生産性が同じであれば、ピッキング回数が多くなる分、作業時間は長くなります。

仮説Ⅰは、ピース比率が高く、1行当り2Pの時のピッキング回数は、33千回になります。

　　　ピッキング数120千P×ピース比率55%＝ピースでピッキングするピース数66千P

　　　66千P÷行当りピース数2P＝ピッキング回数33,000回

仮説Ⅱは、ピース比率が低く、1行当り3Pの時のピッキング回数は、12千回になります。

　　　ピッキング数120千P×ピース比率30%＝ピースでピッキングするピース数36千P

　　　36千P÷行当りピース数3P＝ピッキング回数12,000回

したがって、この事例では、仮説Ⅰの事例は、仮説Ⅱに対して、約3倍の作業時間を必要とします（ピッキング回数33,000回÷12,000回＝2.75倍）。

（2）配送量

納品量で算出した口数が、店舗別配送物量（ステップ3の項参照）になります。

（3）仕入量

仕入先別（メーカー別）の通過物量、仕入条件、納品時刻を作成します。

（4）物量解析一覧

物量分析を通じて、入手データと、使用目的を一覧にしておきます（表7-1-8参照）。物量が、設備能力やスペースと運営を決めていることがわかります。

<表7-1-8　物量解析>

物量解析テーマ	解析項目	解析目的
1．年間日別出荷物量推移	荷姿別物量 （ケース物量、ケースのピース換算数、ピース物量、オリコン物量、口数）、アイテム数	日別物流傾向分析 （ピーク物量とその荷姿別要因、設備能力算出）
2．年間日別取引先（メーカ等）別入荷物量	同上	入荷物量 入荷スペース算出
3．年間日別カテゴリー別出荷物量	同上	保管物量 保管スペース算出 仕分物量 仕分スペース算出 仕分・搬送設備能力
4．年間日別店別カテゴリー別出荷物量	同上	荷揃えスペース算出 配送物量 配送台数算出
5．カテゴリー別通過金額と通過物量	カテゴリー別通過金額 カテゴリー別通過口数	1口当たり通過金額算出

ステップ5．発注・納品パターン

・企業毎の曜日別発注・納品パターンを作成します。

・表7-1-9は、小売業の店舗、取引先と物流センターの間の店舗発注から納品までの、庫内・配送作業のスケジュールを作成しています。

<表7-1-9　発注・納品パターン>

関係会社	作業	当日 （n日）	翌日 （n日＋1）		翌々日 （n日＋2）	
		午後	午前	午後	午前	午後
小売業 店舗・本部	発注	○				
小売業の 取引先	受注		○			
	庫内作業		作業			
	配送（納品）			配送		
小売業 物流センター	庫内作業			作業		
	配送（納品）				配送	
店舗	店舗納品				納品	
	店内補充作業				補充作業	

ステップ6．物流センターの機能

在庫型、総量型（TCⅡ型）、店別通過型（TCⅠ）のいずれの方式を採用するのかを決定します。

卸売業の自社向けの物流センターであれば、在庫型の機能設計になります。一部客先によっては、店別通過型や、総量納品型を採用して、小売業物流センターに納品しております。あるいは、店別にピッキングして店舗に直接納品したりします。

第7章 物流エンジニアリング

<図7-2 センター納品の類型>

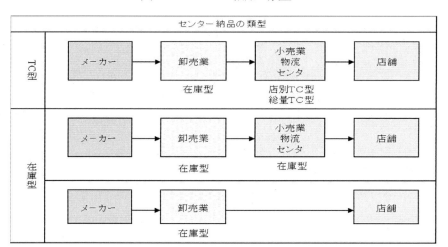

ステップ7．庫内機能フロー
（1）物流センター機能フロー
①運営・情報システム・設備

　ステップ1の目的から始まって、ステップ6物流センターの機能までで、設備、情報システムと運営を検討する基礎的な要素を検討しました。この項では、設備、情報システムと運営に関する入荷から出荷にいたる作業工程を検討いたします。作業工程毎に使用する設備や搬送方法を想定して、作業機能フローを書きます。

　作業の機能フローを検討する時には、「**運営**」、「**情報システム**」、「**設備**」を一体で考えることです。この三つは、不即不離の関係にあります。

　もう一つ大事なことは、エンジニアリングする時に、各作業と全体との関わりを常に考えて、目的に照らした「**全体観**」を持つことです。物流が、入荷から始まって納品するまでの流れが、つながっていることと大いに関係します。

仕様書を書くときに、**用語の統一**を図っておくことです。

入荷・出荷は、物流センターと外部との荷の動きとし、入庫・出庫は、庫内設備での荷の動きとします。

入荷口は入荷するための車両を着床させる場所、入荷エリアは入荷した商品を荷捌きする場所、仕分エリアはケースソーター仕分品を積みつける場所、荷揃えエリアは出荷する商品を荷揃えし配送車に積み込む場所、出荷口は出荷するための車両を着床させる場所等とします。

②運営から情報システムへ

情報システムが、設備を肩代わりして、設備の一部を代替することはできても、情報システムをなくすことはできません。まして、運営そのものをなくすことはできません。

検討する順序としては、**運営**をどのようにするかを検討した上で、情報システムと設備の検討に入ります。情報システムが見る範囲は幅広く、物流センターすべての情報をコントロールしているといっても過言ではありません。

「商品」、「物量」、「納品先」を押さえた上で、どのような「運営」をするかを考えることです。

情報システムは、一つは、仕入先（メーカー）や納品先（小売業）とのデータのやり取りがあり、その構築を行います（製配販の EDI は、図 7-3 を参照、EDI：electronic data interchange、流通 BMS：流通 business message standards）。

二つ目は、物流センター内の運営に関わるアプリケーション、かつ、設備の制御機との予定データと実績データのやり取りがあります（図 7-4 を参照）。

運営担当者は、情報システムを詳細に知っておくことが、運営を掌握するコツです。データの流れ（発注～入荷と受注～出荷）を、企業間や物流センター内に亘り、すべて掌握できるためです。

（注. アプリケーション application：コンピューターを使って、実際に仕事をするためのプログラム）

第7章　物流エンジニアリング

<図7-3　ＥＤＩ(流通BMS)>

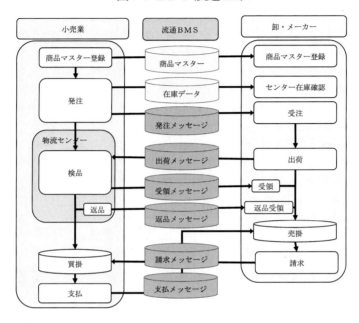

<図7-4　システムと制御概念図>

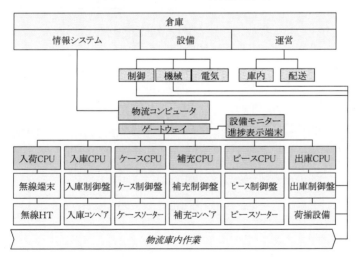

133

③機能フローを書く

物流センターの作業や設備を機能フローで書き表します。これが基本となって検討されていきます。エンジニアリングの途中、書き直すことがあります。

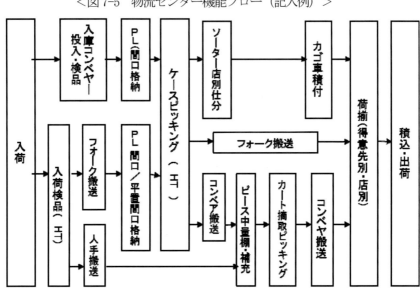

＜図7-5　物流センター機能フロー（記入例）＞

注1．PL：パレットの略、注2．HT：ハンディ・ターミナルの略

次に、出荷する企業毎の条件をバッチ構成に書き換えて、運営計画を作表します。

その計画を遂行するに必要な設備能力を算出します。必要とする作業生産性から、設備規模を算出します。

以上により、設備投資額と物流費を算出します。

参考までに、設備機器一覧を作業工程別に上げておきます（表7-1-10）。

第7章　物流エンジニアリング

<表7-1-10　作業工程別設備機器一覧>

作業工程		設備	
		機器	搬送
入荷・検品・格納		コンベア、 HT	コンベア フォーク、カゴ車、人手
保管		自動倉庫 平置き、パレットラック、ケースフローラック、中量棚、回転棚（垂直、水平）	コンベア フォーク、カゴ車、人手
出荷	ケース	自動ピッキング 摘み取りピッキング(HT) 種蒔きピッキング(HT) パレタイザー/デパレタイザー 垂直搬送機	コンベア フォーク、カゴ車、人手
	補充	自動補充 手補充	コンベア フォーク、カゴ車、人手
	ピース	＜摘み取りピッキング＞ ・デジタルピッキング ・計量検品カート(CMS) ・HTによる摘み取りカート ＜種蒔きピッキング＞ ・ピースソーター ・計量検品カート(CMS) ・HTによる直播 ・GAS直播 オリコン供給機(ロボット)、 オリコン段積機(ロボット)	コンベア フォーク、カゴ車、人手
搬送		コンベア（パレット、ケース、ハンガー等）	
荷揃え		ケースソーター 直播	コンベア フォーク、カゴ車、人手
配送		トラック	

（2）物流センター物量収支表

　物量調査結果を基に、作業工程毎の物量の入庫数と出庫数を、物流センター機能フローに書き加えます（図7-6）。物流機能フロー及び物量収支表は、作業工数、設備規模、スペース設計の基本となります。必ず、作成するようにします。また、既存の物流センターを見直す時にも、改めて作成してみることです。設計当初とは違ったことが、発見できるかもしれません。

　各工程の入庫数と出庫数は、必ずバランスします（等式：左辺＝右辺）。このチェックによって、計画している設計や運営のモレを防ぐことできます。新しい設備を導入した時も、物流フローは、変わりますので、作りかえることです。

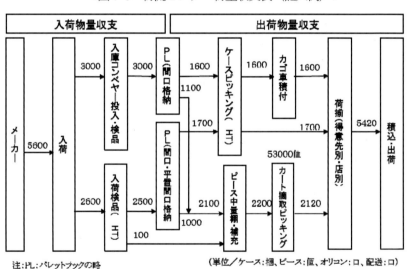

<図7-6　物流センター物量収支表（記入例）>

（3）業務フロー

　機能フローと合わせて、作業工程毎に、例えば入荷工程や入荷検品工程毎に「業務フロー」及び「品質管理工程図」（p.84）を作成しておくと、作業のチェックポイントや他の作業との関連を明確にできます。また、チェックの為に使用する

第7章　物流エンジニアリング

ファイルや帳票類を書き込むようにします（第5章7.棚卸と内部統制の項を参照p.88）。運営、システムと設備の3つの関連が、設計者にも運営者にもわかるようになります。

　後に、マニュアルを作る時の基本となります。

ステップ8．レイアウト

（1）目的

　設備規模、各設備の配置寸法、付帯作業スペース、生産性の基になる作業動線、建物の条件、事務所機能、増設余地、ピーク対応等の条件に基づき、スペース設計を行い、必要延床坪数の算出をします。

　作業動線は、従業員の安全性（例：フォーク通路と人の通路区分）にも配慮します。

（2）レイアウト作成の3段階

　企画提案用は、あるべき倉庫規模とレイアウトを想定して作成します。

　倉庫物件比較検討用は、候補倉庫物件の適合チェック及び、比較検討のために作成します。

　実行用は、倉庫物件の調査を行い、詳細な建物図面を使って作成します。その上で、綿密な検討をします。

　なお、レイアウト図面は、設備を書き込みますので、CAD（Computer Aided Design）を使って書くようにします。設備会社や建築会社との打ち合わせにも使えるようになります。CADを使うに当たり、レイアウト用に設備等の部品を用意しておくと便利です。

137

（3）スペース費算出

～第6章　第3節倉庫投資と賃借の項参照 p.114～

　スペース算出は、入荷スペース、保管スペース、出荷・荷揃えスペース、備品置き場、事務所等々あります。個々の必要面積を割り出すことになります（表7-1-8「物量解析」、表7-1-11「庫内スペース計算表」参照）。

<表7-1-11 庫内スペース計算表>

対象スペース	スペースを規定する因子	面積（坪）
入荷スペース	入荷受け入れ車両台数、物量 入荷検品・格納の作業時速 →仮置き時間	
保管スペース	保管方式 工場～物流センター間のリードタイムと頻度 欠品率の策定 →アイテム別の保管日数	
ケースピッキング ピースピッキング	アイテム数、出荷物量 →間口数	
付帯作業スペース	付帯作業内容	
荷揃えスペース	1日当り出荷先数、物量	
事務所・ユーティリティ	従業員の人数（庫内、配送）	

　保管スペースの割り出しには、出荷量の分析から始まり、保管方法（バック在庫方式かワンロケーション方式の選択）、荷姿別にパレットラックや中量棚の選択、あるいは自動倉庫の活用があり、投資との検討もあります。

　出荷アイテムと出荷量から見たパレットラックと中量棚の使い方と間口数の設計、細かくは、パレットの間を通るフォークリフトの種類と通路幅と通路の設定もあります。

第7章　物流エンジニアリング

　荷揃え規模の算出を事例にして、店別に荷揃えする時のカゴ車台数を算出してみます（表 7-1-12 参照）。上記（1）～（3）により、1 日分の出荷量の荷揃えが計算されます。荷揃え規模は、配送車の回転数により大きく影響を受けます。

<表 7-1-12　荷揃え面積計算表　>

| 店名 | 在庫型 | | | | カゴ車数計 |
| | ケース | | ピース | | 又は PL 換算数 |
	ケース数 （梱/ 日）	カゴ車数 又は PL 換算 （カゴ、PL/日）	オリコン数 （口/ 日）	カゴ車 又は PL 換算数 （カゴ、PL/日）	（カゴ、PL/日）
A店					
B店					
C店					
合計					

表の注釈

① 　店別物量は、合計数量を店別売上構成比で按分する方法か、店別実数で案分します。

② 　店別カゴ車数の算出は、ケースのカゴ車数＝ケース数÷15 ケース/カゴ車、
　　　　　　　　　　　　ピースのカゴ車数＝オリコン数÷8 オリコン/カゴ車、

③ 　荷揃ライン数の計算

　・　荷揃ライン数＝Σ（店別カゴ車数計×1.5（ピーク係数）÷ライン当りカゴ車数）

　・　ライン当りカゴ車数：6～10台

　・　固定ロケーションの場合は、店舗タイプに応じてライン当りのカゴ車数を複数タイプにしてスペース効率を向上させます。

④ 　荷揃えスペースは、荷揃えライン数×カゴ車数×カゴ車 1 台当りの外寸面積

⑤ 　配送ダイヤと荷揃規模の関係

ステップ９．運営と設備能力から設備規模算出

　運営と設備能力から設備規模を算出します。そのために、企業毎の受信時刻から始まる「バッチ構成」（表 7-1-13）、作業工程毎の「標準作業生産性」（表 7-1-14）、庫内作業から納品先に納品時刻までに納品する「運営スケジュール」（表 7-1-15）からセンター作業総人時や、設備能力からかかる時間を算出し、「設備規模」（表 7-1-16）を算出します。

（１）バッチ構成表

　バッチ構成表は、庫内作業の設計や運営を効率化する上で、必ず作成しなければならない表です。各企業からの発注を受信する時刻から、作業開始であるバッチ起動の時刻、物量、そして物流センターを出発する時刻や相手側に到着する時刻を書き出して、作業の制約条件がないかどうか検討します（記入例：表 7-1-13）。

<表 7-1-13. バッチ構成表（バッチ別の記入例）>

受信時刻	バッチ起動時刻	バッチ内容	物量		出発時刻	到着時刻	得意先の場所	
			ケース（梱）	バラ（千個）			住所	距離
6:00	8:00	S 社	200	3	13:30	15:30	所沢	50
7:00		I 社	600	8	13:30	14:30	沼南	25
7:00		C 社	400	4	14:00	16:00	立川	48
8:00	10:00	R 社	400	8	15:00	17:00	四街道	55
9:30		T 社	200	12	16:30	17:00	扇島	15
10:30	12:00	M 社	800	10	翌日7:30	翌日9:00	吉川	30
11:00		B 社	300	5	翌日8:00	翌日11:00	青梅	90
11:30		F 社	400	3	翌日8:00	翌日15:00	各店配送	

140

第 7 章　物流エンジニアリング

（2）物流センター運営スケジュール

バッチ構成表（表7-1-13）のバッチ毎の物量に基づき、標準人時生産性（表7-1-14）を使って、作業工程別の総人時を算出したのが、「センター運営スケジュール」です（表7-1-15）。

表7-1-15でシミュレーションすることは、日別波動（ピーク時含む）に対応**した時間帯別の人員配置計画**を行っておくことです。この点は、物量の曜日波動が、大きく振幅することも合わせて、厳密に検討しておくことです。物流費用に大いに影響するところです。

運営スケジュールを作成する時に、設備と庫内作業の動きを庫内のシミュレーション・モデルで確認しておくと、設計されたものが最適化されているかどうかを事前に検証できます。提案時には庫内作業を動的な動きとして説明できます。なお、市販されているモデルの代表例に、株式会社シーイーシー・エイアイサービスのRaLC（Rapid virtual model builder for Logistics Center verification、略称ラルク、物流業務最適化支援ツール）があります。

<表7-1-14 標準就業人時生産性の例>

工程分類		作業工程	条件	標準 就業人時生産性	作業内容
在庫型	入荷	入荷口数 検品	目視検品	200 口／人時	・メーカー別目視検品
		入荷検品・ 格納	HT 全数検品	50 口／人時	・ケース：ITFスキャン→ラベル発行→格納 ・ピース：単品仕分→JANスキャン→ラベル発行→格納
	ピッキング	ケース・ピッキング	HT	150 梱／人時	・台車又はフォークリフトによるHTピッキングと荷揃
		ピース・ピッキング	HT	500 個／人時	・カートによるHTピッキングと荷揃
	荷揃	間口確認	HT	120 間口／人時	・HT棚卸

141

注：物流センター開設当初は、訓練していても、標準生産性を達成していないのが通常です。習熟度から見ると、稼働後、1ヶ月が目安になります。その間に、応援体制を取るのか、あるいは、低生産性でも就業時間内に終わるように計画するのか予め検討しておきます。また、従業員の習熟度を個人別に把握して、標準生産性に達するように、再訓練をしていくことを必ず行っていきます。

<表7-1-15 物流センター運営スケジュール（記入例）>

作業工程	バッチ	物量（単位）	生産性（数／人時）	総人時数（人時）	人数（人）	作業時間 開始時刻	作業時間 終了時刻	8時	9時	10時
入荷・検品・格納		7000 口	250	28	6	8:00	12:40	6	6	6
受信					1			1	1	1
梱ピッキング（ケース：c)	1	1200c	150	8	3	9:00	11:40		3	3
	2	600c	150	4	3	11:42	12:02			
	3	1500c	150	10	3	12:50	16:20			
	計	3300c		22	3				3	3
バラピッキング（ピース：p)	1	15000p	500	30	15	9:00	11:00		15	15
	2	20000p	500	40	15	11:00	14:40			
	3	18000p	500	36	15	14:40	16:04			
	計	53000p		106	15				15	15
補充		2200c	150	15	3	9:00	11:00		3	3
荷揃	1	1800 口	125	15	5	9:00	12:00		5	5
	2	1400 口	125	12	5	12:00	14:24			
	3	2220 口	125	18	5	14:30	17:06			
	計	5420 口		45	5				5	5
人数計				215	33			7	33	33

注：作業時間には、勤務時間の都合で、休憩を取れる従業員と、休憩を取らせない従業員がいます。

第7章　物流エンジニアリング

（3）物流センター作業総人時と設備規模

　設備規模の値は、ピーク時でも遅くとも20時〜22時までには作業が完了できるように、人員配置と設備能力が満たされた設備規模を想定します。

　ピークとは、物量の平均値の2倍と仮定します。作業工数に基づき、設備能力と規模を検討します。設備規模計算は、各工程でかかる総人時数×2倍係数（最大物量のピーク係数）÷運営可能時間（8時始業〜20時終業）から算出します（表7-1-16）。入荷、補充と荷揃えは、運営時間を短くしています。

<表7-1-16. 物流センター作業総人時と設備規模の例>

　例示ですので、一部設備は省略しています。

作業工程（単位）	物量	生産性（数／人時）	総人時数（人時）	人数	設備規模		
					設備名	規模計算	台数
入荷	7000口	250	28	6	無線HT	28人時/日×2倍÷8時間	7
梱ピッキング	3300c	150	22	3	無線HT	22人時/日×2倍÷12時間	4
バラピッキング	53000p	500	106	15	無線HT	106人時/日×2倍÷12時間	18
補充	2200c	150	15	3	無線HT	15人時/日×2倍÷8時間	4
荷揃え	5420口	125	45	5	無線HT	44人時/日×2倍÷10時間	9
人数合計			215	32			42

143

（4）投資額算出

　倉庫、設備、備品（パレット、カゴ車、オリコン等）等について、投資額を算出します。表7-1-17は、設備等投資額を算出しています。

表7-1-18は、物流費を試算しています。

表7-1-19は、物流費を試算するに当り、試算の妥当性を見るためのチェックポイントや計算根拠となる検算用の関係諸表を取り上げています。

<表7-1-17. 設備等投資額の例>

設備名		規模・仕様	単価	設置台数	金額（千円）
A．コンピュータ				1式	10,000
B．無線HT	プリンター付HT	入荷検品用	237千円	5台	1,185
	プリンター無HT	出荷用	152千円	33台	5,016
	HT用端末		700千円	3台	2,100
	設備計				8,301
C．物流備品	カゴ車		11千円	2000台	22,000
	オリコンキャリー		2千円	1000台	2,000
	オリコン		0.7千円	6000個	4,200
	備品計				28,200
D．投資金額（A+B+C）					46,501
E．試運転経費	ライン引き費用	拠点面積 2000坪未満			1,800
	HT教育費	40台規模			1,700
	試運転用商品	拠点面積 2000坪未満			2,000
	予備費	同上			1,000
	経費計				6,500

第7章 物流エンジニアリング

<表7-1-18. 物流費試算表の例>

　物流費は、固定費である「倉庫面積（レイアウト）」、「設備・システム投資」、「社員人数」と、変動費である作業工数（物流センター運営スケジュール参照）と配送が基になります。

　なお、庫内管理費には、設備関連費、消耗品費、情報処理費、光熱費、事務備品費等が含まれます。

科目		単価算出方式	数量、金額	年間費用 （千円／年）	口単価 （円／口）
固定費	倉庫	@4千円／坪月	1200坪	57,600	48.00
	設備・システム	マテハン設備÷7年	8.3百万円	1,186	0.99
		物流備品÷3年	28.2百万円	9,400	7.83
		コンピュータ÷5年	10百万円	2,000	1.67
		（小計）		(12,586)	10.49
	社員人件費	センター長@6百万円	1人	6,000	21.67
		社員@5百万円	4人	20,000	
		（小計）		(26,000)	
	固定費計			96,186	80.16
変動費	庫内作業費	ケース @62円／梱	800千梱	49,600	67.84
		ピース @3.4円／個	8,870千個	30,158	
		TC @25円／口	66千口	1,650	
	配送費	@66円／口	1,200千口	79,200	66.00
	庫内管理費	@10円／口	1,200千口	12,000	10.00
	変動費計			172,608	143.84
	小計			268,794	224.00
	本部費	小計×5%		13,440	11.20
	合計			282,234	235.20

<表7-1-19. 物流費試算チェック表の例>

　企画設計及び物流費の試算結果の妥当性を、「経験値」を使って検算します。設計ミスや、設計に無理がないか、あるいは、標準ロ単価（下表参照）の標準レンジから外れていないか検証します。具体的には、無理な単価設定や数量設定をしていないか（例：ピース比率、ピーク係数、ｵﾘｺﾝ入数、ｹｰｽ入数等）。検算結果が、予定の物流費と乖離している時は、次の対策が必要になります。

・社内的には、コストダウンの余地があるかを検討します。

・物流事業の時は、客先と契約料率を上げるのか、あるいは設計条件を緩めるのかの折衝になります。

科目		単価算出方式と基準	チェック 在庫型の標準的なロ単価で検算	検算関連資料
固定費	倉庫		坪単価は地域により大きく異なる。（30〜40円／ロ）	レイアウト図
固定費	設備・システム	マテハン設備÷7年 コンピュータ÷5年 物流備品÷3年	償却期間は契約期間内で計上。 （10〜20円／ロ）	設備投資額表
固定費	社員人件費		薬を取り扱う場合は、薬剤師の人件費を算入。 （10〜20円／ロ）	組織運営計画
変動費	庫内作業費	ｹｰｽ@62円／梱 ﾋﾟｰｽ@3.4円／個 ＴＣ@25円／ロ	（50〜70円／ロ）	運営スケジュール表、
変動費	配送費	@66円／ロ	配送ダイヤグラムを組むこと。（30〜80円／ロ）	配送計画書
変動費	庫内管理費	@10円／ロ	（10〜20円／ロ）	
本部費		小計×5%	（140〜250円／ロ）×5%＝ （7.0〜12.5円／ロ）	

第7章　物流エンジニアリング

ステップ１０．物流センターの運営組織体制

① 運営組織

　物流センターの運営組織は、基本的には機能を中心に設計されます。

　即ち、入荷・保管系、出荷系（ケース系、ピース系）、事務系、保守・システム系、配送系等です。

② 組織構成

　組織構成は、各機能を運営管理する社員と実際に作業に携わる従業員です。

③ 人員数

　社員の定員は、出荷規模にもよりますが、６系統ありますので、少なくとも１２人程度を配置します。

　従業員の定員は、ステップ９で、時間帯別の人員が算出されていますので、曜日別に必要人員を採用します（表7-1-15 運営スケジュール参照 p.142）。

④ 組織図

　以上の①、②、③を、組織図にします。

147

ステップ11．設備・システム仕様決定と企画仕様書発行

ステップ1〜10を文書化します（表7-1-20）。各ステップで例示的に示した表を使うと、文書化ができるようにしています。エンジニアリングしたことを、まず設計者自らが良くわかるためには、設計したいことを書き出してみることです。その上で、関係者と考え方ややり方を、摺合せする上でも、文書化しておきます。文書があって始めて、経営判断ができます。

後日、事情が変更した時にも、基に立ち戻って検討するには、文書が必要です。

<表7-1-20．企画仕様書一覧>

企画仕様書	表&図の例
1．目的と目標	（図1．企画設計のステップ：目的と目標）
2．商品解析	1.スーパーの商品特性、 2.商品単位、
3．納品先の解析	（納品与件書）
4．物量解析	3.曜日波動、 4〜7.総ピース換算表、 8.物量解析一覧、
5．発注・納品パターン	9.発注・納品パターン
6．物流センターの機能	図2.センター納品の類型
7．庫内機能フロー	図3.ＥＤＩ、図4.システムと制御 図5.機能フロー、図6.物量収支表 10.作業工程別設備機器
8．レイアウト	11.庫内スペース計算表、 12.荷揃え面積計算表
9．運営と設備能力から 設備規模算出	13.バッチ構成表、 14.標準就業人時生産性、 15.運営スケジュール（時間帯別人数）、 16.物流センター作業総人時と設備規模、 17.設備等投資額、 18.物流費試算表、 19.物流費試算チェック表、
10．運営組織体制	（組織図）

第7章　物流エンジニアリング

第2節　実施設計

（1）実施設計から稼動までの全体フロー

　実施に当たり、企画仕様書に基づき、経営者の承認を得ます。物流事業の時は、経営承認とともに、客先の承認も得ておきます。客先とは、施工前に契約書を取り交わしておきます。

　実行段階になりますと、関係者が社内外ともに、大幅に増えます。社外の関係者としては、建築会社、倉庫会社、設備機器メーカー、システム開発会社等々多数に上ります。社内も同様に、物流部門だけで推進できるものではありません。営業部門や管理部門（人事、経理、財務）との社内打ち合わせがあります。その為に、スケジュール進捗管理が重要です。関係者の進捗如何によって、他部門や関係会社への開発スケジュールに影響します。

　スケジュール管理は、通常、ガントチャート方式（縦軸に課題項目、横軸に担当部門や日程等を記載）で行います。パート手法のように、クリティカル・パス（計画を進めるうえで最も時間がかかる課題）は、どこにあるのかをスケジュール上明らかにしておくと、進捗管理が行いやすくなります。

　開発案件は、第6章物流投資のところでも説明しておりますが、製作メーカーとの試作のテスト等を綿密にスケジュール化して行うことです（表6-1-1参照p. 94）。

　長期に亘るスケジュール管理が入りますが、準備の段階では、開発案件等で何が起きるか予測できないことがありますので、十分な時間的なゆとりを持っておきたいものです。

　なお、関係者との打ち合わせは、必ず、「議事録」を作成しておくことです。

　企画設計でも同じことが言えますが、意思決定は、関連先が多岐に亘りますので、早めに決断して、関連先に伝えることです。早めといっても、拙速か巧緻かの議論になります。一歩判断を誤ると、全体に影響が出ることがありますので、

149

拙速な判断は、リスクを伴います。全体との関連を考えて、判断することです。

<図7-7. 実施・稼動フロー>

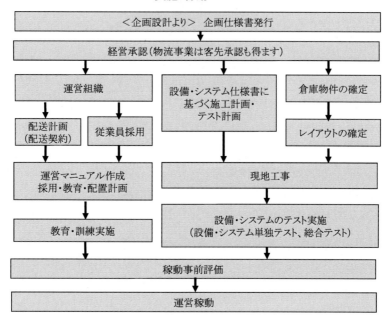

ステップ1. 実施設計

（1） 施工計画

　企画設計（第1節）に準拠して、施工計画を作成します。

　一つの物流センターを立ち上げるには、構想して企画設計段階の企画仕様書を発行することから入りますと、少なくとも1年間位の時間が必要になります。

　新築の倉庫を建設するとなると、建設場所にもよりますが、法的申請等で1年から2年かかります。

　設備やシステムの開発、並びに、設備機器の据えつけも時間がかかりますので、

第7章　物流エンジニアリング

施工計画を作るに当たり、マスタープランを作成し、十分な時間を取っておくことです。

　設備開発を検討しているときは、別途に開発スケジュールを作成しておきます。開発には、原理の開発と入念なテストを、複数年検討しておいた方が無難です。

（2）テスト計画

① 　テスト範囲とテストデータ

　設備にしても、システムにしても、機器やシステムの単独テストから始まり、総合テストに至るまでのテスト計画を、綿密に策定しておきます。

　テスト範囲は、広範囲になります。設備単独テスト、基幹システムのテスト、WMSテスト、システム（アプリケーション）単独テスト、運営テスト、総合テストになります。

　テストを行うに当たり、テストデータの作り方には、工夫が要ります。どこまでのテストを行うのか、テストデータをどこまで用意するのかであります。

② 　単独テストとテスト方法

・アプリケーションの論理性を検証する機能テストや論理テストを行います。
　　　テストデータの作り方次第で、検証の成果が決まります。
・大量データを所定の時間で処理できるのかの負荷テストを行います。
　　　ゼロ・データと、物量ピークのさらに2倍量のデータをテストデータとし
　　　用意しておきます。
・対象データを通して、どれくらいの時間がかかるかのスループット・テストを
　　行います。対象となる作業のピークデータを流してのテストは必須です。
・異常時テスト（trouble test）システム内で何らかのトラブルが発生したとい
　う異常時を想定してテストを行います。プログラムが正常に動作するかどうか
　を確認するためのテストです。

151

・各種マスターが整備されているか、全対象のマスターの登録データを検証します。

・データベースのパラメーター（最大値・最小値、適正値）や、レスポンス時間を検証します。

・設備やシステム機器の操作性テストを行います。

・作業性の評価テストは、作業を行うに当たり、レイアウトが適正にできているかのテストを行います。人やフォークの作業動線や、フォーク通路が対象になります。

・ケースとピースの間口で、登録商品が保管されているかの確認をします。出荷量に見合った保管容積が確保されているかを見ておきます。

③　総合テスト

　総合テストは、設備及びシステムが仕様書通りに稼働するかどうかの関連テストです。テストデータや作業員を動員して、入念に行う必要があります。物流の仕組みが、相互に関連しあっていることは、何度か取り上げておりますが、テストの場を通じて、相互連携を確認するテストは必ず行います（システム相互間のテスト）。この段階で、設備であれ、システムであれ、バグ（不正）を潰しこんでおきませんと、稼働開始後にトラブルに見舞われることになります。

④　配送の納品先試走

　「納品与件書」に基づき、担当のドライバー達に納品先の試走を必ずさせておきます（第3章第2節参照 p. 31）。納品できて始めて仕事は完了します。

　三島健二郎著『企業危機管理』の中で、「曲突徒薪無恩沢　燋頭爛額為上客耶」という言葉の重要性が強調されています。意訳しますと、旅人が金持ちの屋敷に差しかかると、煙突から火の粉が出ていました。「煙突を曲げて屋根から離し、薪を遠くに移した方がよい」と忠告しました。主人は余計なお世話と取り合いません。いつの日か、火の粉が屋敷に移り火事になりました。別の旅人が、頭を焦

第7章　物流エンジニアリング

がし、額を爛れさせながら必死に消火を手伝い、火事はおさまりました。主人は喜び、この旅人を手厚くもてなしました。

　これでよいのでしょうか。事後処理に派手に動く者が優遇されがちですが、目に見えない予防の効果を正しく評価することが、テストです。くれぐれもテスト（単独、総合）や試走に手を抜かないことです。

（注．三島健二郎氏は、警察庁では警備局長として、日本航空に入社後も危機管理を担当しました。）

（3）従業員の採用・教育計画

①採用

　企画設計の段階で、日別・作業工程別に時間帯別作業者数が算出されています。これに基づき、採用計画人数を決めて、採用を行います。

　採用方法は、チラシやネット等を使います。

　面接時に、常識テスト（国語と計算）の実施と、作業の適性検査を行うことが望ましいと考えております。

　曜日別や時間帯別に採用人数が充足されているのか確認が必要です。

②教育・訓練

　採用後の教育や作業訓練は、作業マニュアルに基づいて行います。

　作業の実地訓練は、本番環境で、現物の商品を使って行います。訓練は、練習ではなく、稼動そのものであることを従業員に徹底することが、訓練の成果を上げるコツです。

　個人別に理解度や習熟度を確認できるようにしておきます。

③配属・配置

　個人別に作業適性を見て、配置をします。

153

（4）保守計画

設備やシステム機器の保守契約は、締結しておきます。

ステップ２．施工・工事

ステップ１．実施計画の施工計画に準じて行います。

施工工事は、建設会社、設備会社や情報システム機器設置会社等多岐に渉って工事が行われます。

施工計画に基づき、工事の取り合いの調整や、進捗管理を行います。設計の目的に従って、施工されているか、設計部門と制作部門が、定期的に工事現場に立ち会って確認することです。

ステップ３．事前評価

生産性評価、品質評価、安全性評価、トラブル評価を企画設計に準じて行います。評価の際のデータは、テスト及び教育訓練を通じて得られたデータで行います。

企画設計の、ステップ 8. レイアウト、ステップ 9. 運営と設備能力から設備規模算出、ステップ 10. 運営組織体制を参照します。稼働前に評価しておきますと、本稼働初日のリスクが減ります。

ステップ４．運営引渡・稼動
（1）運営図書の完成

建物図面、設備仕様書、システム仕様書、作業マニュアルを完成図書として保管しておきます。稼働後に修正等が起きましたら、随時、修正をいたします。

（2）稼動

稼動初日から１週間は、トラブルがあってもなくても、関係者全員で課題の確認と、より良くしていくにはどうしたらよいのかの課題解決を出して、修正することを行います。

第８章

物流部門の人材育成

第8章　物流部門の人材育成

第1節　マネジメントにおける人材育成

（1）マネジメント

　マネジメントは、「皆を幸せにする」ために、「組織メンバー全員が、いつも、より良い仕事をしたいという強い願望を持ち続けられる」ようにすることです。

　マネジメントを構成する要素（マネジメント・ストラクチャー）には、①意識形成、②情報による自己発見、③将来対応、④仕組み作り、⑤人材育成の5つがあります。

<図8-1. マネジメント・ストラクチャー>

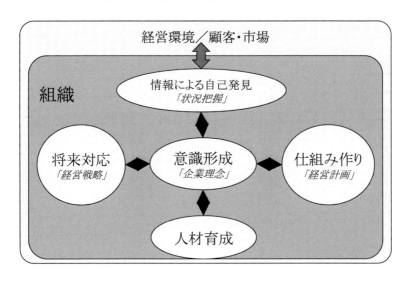

第8章　物流部門の人材育成

（2）マネジメント・ストラクチャー

　①「**意識形成**」は、企業理念に向って社員全員が同じ方向にして実践していくことです。マネジメントは、顧客と市場の変化に対応して、②「**情報による自己発見**」を行って、経営環境の状況把握をします。企業の将来の正しい方向は、外部情勢の変化を絶えず見て決めるものです。その上で、将来をどのようにするのかを考えて、③「**将来対応**」を決めます。将来対応をどうするかということで、経営戦略という経営技術が考えられました。意識されたことを継続的に実現する為の方法論が、④「**仕組み作り**」です。仕組み作りの中核をなすのが、経営計画であり、各部門や社員の目標管理もその中に位置づけられます。

　以上の意識形成、情報による自己発見、将来対応、仕組み作りを具現化していく上では、⑤「**人材育成**」が、要になります。マネジメントで大事なことに、組織を今よりもより良くしていくことです。その為に、経営者や管理職（マネジャー）の役割は大きく、将来の方向を考え、組織員の職務遂行能力を上げる「人材育成」が重要になります。

（3）マネジャーの役割

　マネジャーの役割は、将来像の実現に向けて、目標をどのような計画で行うのかを具体的な手順で示すことです。経営資源である人、モノ、金、情報、時間の持つ力を、効果的かつ効率的に発揮されるように、投入の優先順位を決めることです。考え方としては、「選択と集中」、「集中と分散」、「不易と流行」といった戦略観が大事になります。目標と計画の実行状態を検証し、マネジメント・サイクルを回していきます（第4章参照p.65）。

157

第2節　物流を担う組織

（1）物流部門の役割

　物流を担う組織は、企業理念及び経営戦略を実現していく為の組織です。したがって、営業機能や管理機能と連動して機能します。物流を担う組織の課題は、「企業の諸機能と連動した物流機能の確立」にあります。顧客に対して、物流機能を提供することであり、経営の合理化と収益性に貢献することです。

　例えば、

・製配販の各々の在庫機能により、サプライ・チェーンの合理化に寄与します。
・高い安全性と高い品質を基に、低コストで物流機能を提供します。
・サプライ・チェーン及び物流をエンジニアリングし、運営できる組織にします。
・基本機能を満たした上で、柔軟な物流システムを構築します。

　物流組織の役割は、これらの機能を遂行し、組織を成長させるためにあります。物流に携わる管理職やスタッフが、物流戦略及び施策を実行していくには、マネジメント力と、広範でかつ高度な専門性のある技術力、顧客に対する企画・営業力が必要です。

　運営については、安全、品質、生産性において、業界トップクラスの質と生産性向上技術が求められます。

　組織及び個人を評価し、マネジメント力、技術・技能力、企画・営業力の育成には、それぞれについて、専門的指導、幅広い経験と時間を要します。特に、物流に関する技術の習得は、テーマ毎に一貫した指導がいります。

　物流戦略を考え、物流システムをエンジニアリングする時は、総合的な戦略観と技術力が求められます。経営戦略から物流戦略を一覧にしておきます（表8-2-1参照）。

第8章　物流部門の人材育成

<表8-2-1　物流戦略の課題>

経営戦略に基づき、営業戦略と物流戦略を策定します。
営業戦略は、顧客とのサービスレベルを決めて策定します。
物流戦略Ⅰ．物流品質、安定稼動、運営費、投資と採算、環境等の決定
物流戦略Ⅱ．物流拠点の立地、倉庫建設・賃借の規模等の決定と設計
物流戦略Ⅲ．設備（設備機械、機械制御、電気） 　　　　　　情報システム
物流戦略Ⅳ．運営組織、人材育成、運営
物流戦略Ⅴ．企画、開発、運営のエンジニアリング

（2）物流部門の組織

　物流部門の組織は、機能別に作られます。通常、機能別には、庫内作業部門（ケース入庫・出庫系統、ピース出庫系統）、配送部門、事務部門（総務、人事、経理）、設備・システム担当部門があります。

　設備・システム担当部門でも、設備保守は重要です。物流設備の運転と保守には、機械、制御、電気、システム等に通じた専門的な知識と技術・技能が求められます。自動車、電車、飛行機のどれをとっても、人の命を預かっていることから、一定期間の教育・訓練が、実施されます。資格試験に合格して始めて運転ができるようになります。物流でも、まずは、安全が確保されて初めて、生産性が議論されるべきです。

　次に、システム担当部門が充実しているかどうかです。今日の物流は、情報システムなしでは、物流センターの作業を動かすことはできません。運営していく場面でも、庫内の情報システムが、自分の仕事とどのように絡んでいるのかは、物流センター全員が知っておくことです。そうしますと、作業の相互関連が、作業員としても理解できるようになりますし、どの作業を優先しなくてはならないか、制約工程はどこかが理解しやすくなります。また、ミスの発見や回復も適切に行えるようになります。

159

（3）物流部門の組織能力

　物流部門の組織能力は、エンジニアリング力と運営力で見ることができます。エンジニアリングは、物流コンセプト、倉庫立地と建設又は賃借、情報システム、設備及び運営の設計と開発を対象にしています。第7章「物流エンジニアリング」で書きましたように、エンジニアリングがコストを決めるといっても過言ではありません。

　運営力は、安全、品質、生産性で評価できます。第3章「物流コスト」、第4章「マネジメント・サイクル」、第5章「物流品質」で述べてきたことです。

　技術・技能を、全従業員が磨くことが要です。

第3節　物流技術・技能の力

（1）運営を現場に委ねるには？

　物流センターは、日々、稼働します。センター長がいない日もありますし、担当社員が休む日もあります。従業員だけで物流センターを動かしていけるようにしておくに越したことはありません。管理をする社員がいなくても、稼働できるように全従業員を育成していくことです。

　その為には、2つの柱があります。

　一つ目の柱が、**物流に関する技術・技能**です。

　優れた**技術・技能**があるということは、専門的な知識があり、訓練されており、自分で決断してやっていける状態にあることです。物流作業の専門知識は、作業工程数分だけあります。各々の職務を果たしていく技術・技能を高めるために、全社員・全従業員を育成していきます。

　二つ目の柱が、マネジメント・ストラクチャーのところで書きましたが、「意識形成」です。この柱については、第4節「組織が一つにまとまる・束ねる」で説明いたします。

第 8 章　物流部門の人材育成

（2）物流に関する技術・技能の習得
①物流を計画化する力

　物流部門のマネジャーに求められるのは、物量を予測し、それに応じた作業総人時を算出し、勤務計画を作ることです。そのために、物流管理者が、習得しなければならない運営技術は、

- ・物量予測技術
- ・作業工程別標準人時生産性算定技術
- ・作業計画・作業割当作成技術
- ・勤務計画作成技術
- ・作業者育成技術です。

これらの 5 つの運営技術を統括していえば、**「計画」していく能力**が求められます。

②全員の力を引き上げる

　「企業は人なり」、あるいは「人は城、人は石垣」と言われますように、組織の力を強くするには、一人ひとりの能力を高めることにあります。物流センターでは作業に携わるメンバー毎の生産性には大きな違いがあります。生産性を引き上げようとする時には、最初に、生産性が良くない従業員を引き上げることがコツです。制約工程のことを書きましたが、それと同じで、低生産性の従業員が作業進捗の足を引っ張るのですから、そこをまず直していくことです。能力向上の可能性は、従業員全員にあります。

　育成の心構えは、日頃の感謝や、「何とかしてあげたい」という気持ちから、共に学び、共に育つことの考えに基づきます。

③わかる・できる・やっている

　育成の第一には、動機付けをすることにあります。「何をなすべきか」や、仕事の環境を整えます。具体的には、どのようにすれば、良い仕事ができるのか、知識と方法を教え、**「わかる」**状態にします。本来的に言えば、最高の教育は、あえて教育されなくても、自分で自分を教育できる人を育てることにあると考え

161

ています。その意味では、「好きこそ物の上手なれ」という言葉がありますが、最良のトレーナーは、常に「自分自身」です。そのためには、本人に如何に心の中に、「火」をつけるかの動機づけが要です。

　第二に、良いテーマを与え、良い体験を積ませることです。技術や技能の訓練が必要です。訓練によって「**できる**」状態にします。訓練の時には、作業マニュアルがベースになります。

　第三に、メンバーに仕事をさせて、「**やっている**」状態にします。仕事をする力と成果を正しく評価します。正しい評価を行うには、日頃から、個人別に成果（例：生産性）を記録して、何が課題なのか掌握し、指導しているかどうかです。

　山本五十六氏（1884-1943、海軍大将・元帥）の五行の教えに、
「ヤッテミセ　イッテキカセテ　サセテミセ　ホメテヤラネバ　人ハ動カジ」
があります。率先垂範や実践躬行の教えとして、簡にして要を得た言葉です。この五行の中に、敢て、付け加えるとしたら、「叱る」です。

<表8-3-1 教育訓練の基本>

仕事	部下に 与えること	部下に実現 したい状態	準備事項
教育	知識	**わかる**	・職務の意義 ・職務の目標明示 ・職務内容 ・職務配置
訓練	技能・技術	**できる**	・「マニュアル」に基づく訓練
指導	行動	**やっている**	・個人別の職務遂行状況の把握 ・個人別に組織の再配置

（3）「わかる」ための教育訓練指導ポイント

①教育訓練の原則と計画作り

　教育訓練には、**計画**が必要です。良い教育訓練の基礎は、良い計画を立てることです。計画を立てれば、計画が自分を監督してくれます。「いつかやる」が、

第8章　物流部門の人材育成

「いつまでにやる」に変わっていきます。計画を立てるには、現状をはっきりつかみ、これを直視し、その対策を立てます。その為には、

A. 自分の職場の現状や新人訓練のあり方を、紙に書いてみます。

B. 現状から見て、どんな教育訓練が必要なのかを考えてみます。

C. 教育訓練をいかにやるか、教えるべき事柄を整理してみます。

　　・教える相手の能力を考えます。

　　・1度に教える分量を適切に決めます。

　　・どんな順序で、どのように区切って教えるかを決めます。

　　・教えるべき事柄の中で、どこが大事か、勘所を見付けておきます。

D. 教育訓練の準備

　教える者（トレーナー）の行動が、習う者（トレーニー）の手本となるようにします。教える前に、必要な道具や教材は準備し、どのように見せるのかも考えておきます。

②トレーニーの心構えを作る

・教育訓練に当たり、トレーニーの不安な気持ちや、緊張感、警戒心を取り除くことです。

・「何をやるのか」、それを「なぜやるのか」ということを言って聞かせます。

・トレーニーが、習得する気持ちを起こさせるために、仕事の上でやることがはっきりわかるように言って聞かせることです。

・言って聞かせたことを、トレーニーがどの程度知っているのかを、やらせてみて、確認します。

③知識や技術・技能の伝え方

・順序立てて説明します。あらすじ（指導内容の全体）→指導内容詳細→まとめの基本ステップを踏むことです。

・一つ理解してから、次のことを説明します。

・実際の商品や道具、実際の動作を見せながら説明します。「百聞は一見に如かず」です。

163

・口で説明する場合は、一語一語をはっきりと発音し、トレーニーにわかりやすい言葉で話します。話すスピードは、1分間に340字から380字位が適当です。
・「目は手よりも遅い」と言われています。動作を見せる時は、トレーナーの手の動きに、トレーニーの目が追い付けるようにします。
・作業を行う上で、難しいところや手際がいるところがあります。その勘所を教えるようにします。
・やるべき事が、なぜやらなければならないのか、の理由を説明します。
・作業上のやってはならないことは、禁止事項としてはっきり伝えます。曖昧にしないことです。
・トレーニーの能力に応じて、教えることです。教えることは、根気仕事ですので、トレーニーがわかるまで、何回も教えます。
・トレーニーが理解し、できるようになって始めて、教えることの目的を達成できます。
・トレーニーは、習った通りに実行して成功すれば、満足感を得られます。次の学習意欲が起きます。

④やり方を実際にためす
・説明がトレーニーにわかったならば、トレーニーに実際にやらせてみることです。
・教えたことが、手順通りに、正しくやれているかどうか、トレーナーは見守ります。トレーニーに間違があったら、その場ですぐやめさせて、直します。
・やらせながら、やっていることを説明させてみます。トレーニーがはっきり意識してやるようにするためです。トレーナーは動作と説明が一致しているかをみます。
・トレーニーがわかるまで何回もやらせます。
・手放しでやらせる時は、わからないことが起きたら、誰に聞けばよいかを指示しておきます。
・仕事に関する質問は、遠慮なくするように伝えます。

第8章　物流部門の人材育成

（4）現場を見て回ろう

「現場を見て回ろう」は、マネジメント・バイ・ワンダラー（management by wanderer、MBWA）の実践です。センター長もマネジャーも、物流センターの現場を見て歩きましょう。従業員と現場で話してみましょう。従業員の顔と名前を憶えましょう。現場には、改善の課題が転がっています。安全・品質・生産性のテーマなら、いくらでもあります。

センター長の好奇心がスターターです。現場に出た時に、「アレ」と心の中で驚いていますか。感受性が、磨かれていますか。床にちりや埃があることに気づいていますか。ちりや埃がなくなれば、違うものが見えてきます。設備から落ちたビスとナットもすぐに見つかるようになります。

現場の発見から本当の責任感が生まれてきます。現場マネジメントの方向が見えてきます。

もし、現場歩きが苦手な時は、現場問題発見と改善のチェックリストを作って、従業員と会話をしてみるとよいでしょう。従業員がいろいろと教えてくれます。一緒になって、発見した現場の問題を写真に撮って、次回までに一緒に改善するようにしてみます。

ある時、センター長達に現場の課題を書かせると、117項目の課題が出てきました。

第4節　組織が一つにまとまる

（1）意識形成と目的・目標の共有

物流センターを全従業員で動かせていけるようにする、もう一つの柱があります。マネジメント・ストラクチャー「意識形成」で書きましたように、全従業員が、**企業理念や目的・目標を正しく理解している**ことであります。組織が成し遂げようとしていることが、正しく理解されておれば、組織が達成するべき基準に照らして、各自が自分自身で判断できるようになります。

165

この意識形成として、企業理念や目的・目標が、正しく理解され形成されていますと、第3節で書きました物流の関する技術・技能が生きてきます。センター長として、企業理念や目的・目標を、いかに正しく社員や従業員に理解させていくのかが鍵です。

物流センターのリーダーであるセンター長は、目的・目標を設定し、優先順位を決め、基準を決め、それを維持する者です。リーダーは、何が正しく望ましいのかを考え抜かなくてなりません。

（2）縦軸・横軸から、信頼によるマネジメントへ

物流は、機能を中心にして組織が作られています。機能を正確に果たしていく上で、従来から、「指示命令」を軸にした縦構造の組織にしています。それが行き過ぎて、機能毎に枝割れし、場合によっては、社員や従業員は、「隣は何をする人ぞ」になり勝ちです。

一方、物流の仕事は、一つの流れになっていますので、横の関係「**チームプレー**」、「**チームワーク**」が大事です。制約工程（ボトルネック）に早く気づき、改善していくには、隣同士が前工程であり、後工程であることを、チームとして全員が認識しておくことです。

社員・従業員が、**組織の共通目的・目標**を理解して取り組み、共に問題に向き合って解決するようにしていくことです。その為にこそ、企業理念のもとに「**目的・目標**」を持って、仕事を始めることです。

関係する社員や従業員に、部門毎に目標となる作業計画を作成し、物流センター全体でどのような動きになるのか、計画策定と計画のレビューを日々行うことです。全体の動きをわかった上で、自分の持ち場を位置づけてみることが大事です。

自分の考えを、声を出して伝えて、メンバーと話し合うことです。話し合いの上では、各自の意見にどのような違いがあっても、お互いに仕事をより良くするにはどうするかであります。

社員一人ひとりが、各自の担当職務を技術・技能の面で、自分で全うすること

第8章　物流部門の人材育成

と、自分で判断し、決断することをまず身に付けさせます。その上で、人を信頼して「みんなでやりましょう」ということを身に付けさせることです。

　一体感のある、そして従業員に作業を任せられるようにマネジメントをしたいものです。

　挨拶は、心を開くが原義です。挨拶に始まる声掛けでスタートしましょう。

（3）センター長は指揮官から指揮者に

　物流センターの組織は、物流センター長をトップにして、階層化され、仕事単位になっております。それに対して、オーケストラの指揮者は、「譜面」を共通の情報として、楽器毎のセクションを束ねています。各楽器のセクションは、階層化されているわけではなく、演奏者が譜面をもとに同調して演奏しております。指揮者の役割は、演奏者の能力を最大限に引き出すとともに、演奏者の力を一つに合わせて楽団の力にすることです。

　物流の組織も、組織全体の「作業計画」に基づき、作業単位に「作業計画」を遂行するようにいたします。譜面に相当する**「作業計画」**を中心に、作業の方法が確認され、互いに連携し協調されることが望まれます。物流センター長は、それらの動きを促進していくようにしたいものです。命じて動く組織リーダーから、全員に仕事を委ねることができるリーダーになることです。

　委ねるためには、「意識形成」で書きましたように、企業理念のもとに、目的・**目標を正しく共有できる**ようにします。

　それとともに、メンバー全員の技術・技能を高めていくことが大事な役割ですし、人材育成はそのためです。

　全員が、常に学びあえる者でありたいものです。そして、全員が、セルフ・スターターであり続けたいものです。

著者プロフィール

尾田 寛仁 （おだ ひろひと）

1948年山口県に生まれる

1971年九州大学法学部卒業

1978年九州大学経済学部会計学研究生修了

1971年～1976年日本ＮＣＲ株式会社。プログラム開発、客先システム設計及び、営業エンジニアに従事する。

1978年～2006年9月花王株式会社。販売を18年間、物流を9年間、及び経営監査を1年半、順次担当する。

販売では、販売職、販売教育マネジャー、販売TCR担当部長、東北地区統括兼、東北花王販売株式会社社長を経る。

物流では、ロジスティクス部門開発グループ部長として、物流設備や物流システム開発部門を担当する。

並びに、花王システム物流を1996年に設立し、副社長・社長に就任する。

経営監査は、経営監査室長として花王の内部統制の構築を行う。

公認内部監査人(CIA)の資格を取得する(IIA認定国際資格、認定番号59760)。

公務では、金融庁より企業会計審議会内部統制部会作業部会の委員に任命され就任する(2005年9月～2006年9月)。

2006年10月～2014年12月中央物産株式会社。専務取締役に就任。物流本部長、管理本部長及び営業本部長を順次所管する。

2015年1月、物流システムマネジメント研究所を設立し、所長となる。

同年7月、日本卸売学会理事に就任する。2016年5月、日本マテリアル・ハンドリング(ＭＨ)協会理事に就任する。

2016年7月、一般社団法人日本卸売研究センター副理事長に就任する。

著書：『製配販サプライチェーンにおける物流革新 企画・設計・開発のエンジニアリングと運営ノウハウ』三恵社2015年2月、『経営実務で考えたマネジメントとリーダーシップ』三恵社2015年4月、『物流エンジニアリングの温故知新』三恵社2015年12月、『卸売業の経営戦略課題』三恵社2016年6月

Ｅメール：hirohitooda@yahoo.co.jp

携帯電話：090-5396-2955

製配販サプライ・チェーンにおける物流革新
～企画・設計・開発のエンジニアリングと運営のノウハウ～

2015年2月12日	初版 発行	
2015年4月27日	第2版発行	
2015年6月28日	第3版発行	著 者　尾田 寛仁
2016年8月31日	第4版発行	

発行所　　株式会社　三恵社
〒462-0056 愛知県名古屋市北区中丸町2-24-1
TEL 052(915)5211
FAX 052(915)5019
URL http://www.sankeisha.com

乱丁・落丁の場合はお取替えいたします。
ISBN978-4-86487-336-9 C2034 ¥1850E

©2015 Hirohito Oda